全国小学生校园美文精品集萃丛

七色阳光
小少年

一道优美的弧线

《语文报》编写组 编

时代文艺出版社

图书在版编目（CIP）数据

一道优美的弧线/《语文报》编写组编 . —长春：时代文艺出版社，2018.8（2023.6重印）

（"七色阳光小少年"全国小学生校园美文精品集萃丛书）

ISBN 978-7-5387-5946-4

Ⅰ . ①一… Ⅱ . ①语… Ⅲ . ①作文－小学－选集 Ⅳ . ①H194.4

中国版本图书馆CIP数据核字（2018）第152165号

出 品 人　陈　琛
产品总监　郭力家
责任编辑　李荣銮
装帧设计　孙　利
排版制作　隋淑凤

一道优美的弧线

《语文报》编写组 编

出版发行 / 时代文艺出版社

地址 / 长春市福祉大路5788号　龙腾国际大厦A座15层　邮编 / 130118

总编办 / 0431-81629751　发行部 / 0431-81629758

官方微博 / weibo.com / tlapress

印刷 / 北京一鑫印务有限责任公司

开本 / 700mm×980mm　1 / 16　字数 / 153千字　印张 / 11

版次 / 2018年8月第1版　印次 / 2023年6月第5次印刷　定价 / 34.80元

图书如有印装错误　请寄回印厂调换

编 委 会

目 录

花开的日子

001

心灵的脚步

从未走远

月牙儿，待在我的梦里

为幸福点赞

005

花开的日子

　　"爷爷，爷爷，这朵花送你啦。"我把花别在了爷爷的袖缝里。"乖孙儿，爷爷没白疼你。"爷爷摸了摸我的脑袋，又紧紧地握住了我的手。起风了，花朵跳着舞为我们送行，天好蓝，蓝得深邃无比。

心中有梦

吴屹峰

我无法道出在冬日里见到一只蝴蝶的感受。那是一只白蝶，一只冬日里的白蝶，一只奄奄一息的白蝶！

白得几乎透明的翅膀有些残缺，在微凉的风中轻轻摇晃着，触角无力地垂落，这是一个没有生气的小生命。

我小心翼翼地把它捧在手中，轻飘飘的蝶，羸弱得几乎被风吹走，蝶似乎死了一般，歪斜地被我托在手心。我想象不出它的生命是如何撑到这微寒的初冬。蝶只有几天生命，难道是深秋孕育，初冬破茧而出？答案不得而知。可怜的蝶儿呀，还没有体会到春的温暖与美好，却将要离开这个世界了。

突然，我的手心一阵微痒，我几乎不敢相信，那是白蝶的腿在动，眨了眨眼，没错，白蝶开始活动了起来。

似乎是吸收了我的手给予的温暖，蝶在舒展几条细小的腿的同时，也小心翼翼地摆动翅膀，为振翅一飞作准备。原来是想飞翔？能飞得起来吗？我内心充满了疑惑。

突然，一阵凉风袭来，白蝶已被风吹落在了地上，还是不行哦，我蹲下身子，继续观察这只小白蝶。

白蝶似乎不甘心，又摇摇晃晃地站立起来，双翅微动，一开一闭，好像是苍白无力的嘴唇在倔强地说："我不怕，我有梦，我要飞！"

可是，老天似乎不给白蝶面子，一阵阵"强风"袭来，蝶一次次摔倒，又一次次地爬起。

我终于失去了耐心，不可能的，这只是一个卑微的生命。心中泛着阵阵酸楚，转身准备离开。突然，白蝶飞了起来。

白蝶终于飞了起来，倔强地飞了起来！

我待在原地，望着白蝶飞出我的视线，心中有梦的她，飞翔的样子好可爱！

我默默念叨：心中有梦，便会飞翔。我记住了，默念三遍，快步向前走去。

传　闻

史嘉怡

"丁零零……"电话铃又响了，肯定又是奶奶，我不想接。

可是，那刺耳的声音不肯停止，一直折磨我的耳膜，我只好极不情愿地挪了挪身子，从电视前走开，接听电话。

"哎呀呀，乖孙女，你有没有听说盐要涨价啊？现在快去买呀，再不去就来不及啦！"

"奶奶！"没等她的话说完，我便打断了她的话，"那只是传闻，假的，那是谣言！"这已经是奶奶第三次打电话了，每次都是跟盐有关，都是让快去买盐。

电话那头停顿了几秒，一声弱弱的"哦……"结束了这次电话。

我又转身走向电视，天呐，精彩的情节刚刚过去，那可是我苦苦在电视旁等待了一个多小时所期盼的啊！没办法，我只好换一个台，运气不错，这个电视台正在播放喜剧片，我又沉浸在快乐之中。

"呵呵呵呵……"我正冲着电视傻笑着，"叮咚，叮咚，"门铃响了。同时，门外传来奶奶的大嗓门儿："乖孙女，快开门！"

"怎么？奶奶来了？"

我赶紧开门，只见门外奶奶拎着一大袋东西，我赶忙从奶奶手中接过来，好沉啊，便问奶奶这是什么东西，奶奶得意地说："我帮你们去买的盐，假如以后不够，叫你爸爸到我那里去拿就是了，我那里还有很多。"

看看奶奶，一脸喜气；再看看手中的盐，足够我们一家吃一年。

我告诉奶奶："这是传闻，你不要相信。"奶奶认真地说："宁可信其有啊！"

好吧，我无话可说，把一大堆盐放在家里，有气无力地坐在了椅子上。

奶奶临走时，欢欢喜喜地对我还说一遍："不够来拿啊。"

我哭笑不得。

你说，我是恨传闻，还是爱传闻？传闻虽假，但奶奶爱我们是真！

在细微的爱里

焦志昀

"快把书包给我，上课要迟到了！"我一边盯着手表，一边没好气地冲着妈妈喊道。哎，真是郁闷，周末还要上补习班，眼看快迟到了，妈妈却还拿着书包，不知在屋里干什么。

"我的书包有什么好看的？"见妈妈还不出来，我的气就不打一处来。这时，妈妈听到我的喊声，从屋里出来刚想解释，我却一把夺过书包，向外跑去。

疾步走到车站，我抬头望见天空灰蒙蒙的，仿佛是老师阴着脸瞪着我。惨了！估计天要下雨，而我这次又要迟到了。

果然，没过多久，天上就飘起了零星的雨点。随后，雨越下越大，像一颗颗豆子打在公交车上，发出噼噼啪啪的声响，哎，老天爷好像故意和我作对。在车上，我不禁发起愁来：还要走十几分钟的路，这雨一时半会儿也停不下，怎么办呢？看着车窗外的小朋友在父母雨伞的庇护下，一脸的喜气，我心里不是滋味。

还好，上课没有迟到。我心急火燎地走到我的座位，打开书包的一刹那，我惊呆了：一把雨伞赫然呈现在我的眼前。我的心里像打翻了五味瓶，不仅为我的鲁莽而悔恨，更为这细微的爱而感动。

上课后，我的心久久不能平静。原来，我一直处在细微的爱里，

花开的日子

而懵懂的我却一直没有发觉。

上完课，撑着雨伞，走在回家的路上，雨，好像柔和了许多。我想起了每次出门前妈妈的那句叮咛："儿子，过马路小心啊！"想起了每次吃鱼，妈妈总是为我挑出鱼刺；想起了我每次写作业时，妈妈总会为我洗一个苹果……我的心里暖暖的，不再寒冷，不再羡慕别人，也不再怨恨妈妈的唠叨。

雨，一直下着，淅淅沥沥地，却仿佛成了爱的赞歌。

这爱，虽细微，却无微不至。

插　　曲

张琰超

窗外，闷热得不起一丝风。

街上行人步履匆匆，车辆往来，干脆利落得如一道道闪电，楼上舞蹈培训机构的伴乐混杂着楼梯震动的轰鸣，楼下小贩声嘶力竭的吆喝，一声一声，冲击着我的耳膜。

我心中莫名添了几分烦躁，关紧窗子，想阻隔充斥在外界的快节奏，可浮躁无孔不入，从窗沿缓缓渗透，在这个宁静的房间里扩散，我安宁的天地正寸寸沦陷。

我重新翻开书，想要重拾那一份缓慢与宁静，却无论怎样都无法静心回忆方才目光最后停留的是某章某页某段某行。我想要放慢脚步缓缓前行，却被周身笼罩着的浮躁裹挟着匆匆向前。我是如此爱安宁而厌恶喧嚣，喜爱缓步而不愿奔跑，我的心渴望驻足，却无济于事。

我散乱的目光在一瞬间聚焦：窗外空调主机上落着一只不知名的黑色的鸟，它安然地在主机上踱着步子，不时扭过脖颈梳理羽毛，张口便是婉转动听的曲调。我不禁讶异了：如此纷繁、浮躁的外界，可爱的鸟儿，你是如何做到如此安然，如此闲适的呢？它偏了偏脑袋，抖了抖羽毛，张开双翼，在空中划过一道优美的弧线，消失在远方的天际里。

我不解，便去寻找答案，恍惚间，之前困扰我的一切嘈杂仿佛都在缓缓退去，我小小的房间重获安宁。我恍然：原来，并非是外界的浮躁影响了我，使窗里窗外的一切变得浮躁的罪魁祸首，原来就是我自己啊。是我心中的烦躁，扩散到了周围的一切。我开始感谢那只小小的鸟儿，它的到来，这首小小的插曲，令我与我的世界重获安宁。

窗外，道旁树木在一瞬间向同一方向微微倾侧，叶与叶发出"沙沙"的声响。

起风了。

为"我"点赞

康国祥

我是一粒来自岩缝的种子，在暗无天日的缝隙中成长着，忍受着风雨的侵蚀与大雪的积压。但我不愿这样，我要成长，成为高山上一株最绚丽的花，成为人们敬仰的对象。

当我被风无情地带到这个地方时，我知道这是命运的安排，即使这样，我也可以选择生命的美好与喜悦。于是，从那时起，我决定让世界因我而美丽。

在这里的第一天，一切都是那么陌生，岩石伯伯是我的庇护伞，泥土是我依赖的养分。慢慢地，我与四周熟悉了，我在这里萌芽，渐渐发育，成了一张矮小的叶，我坚信有梦想就一定会成功。

几个月过去了，我的个头长高了不少，但这也是我生命中最煎熬的时候，半夜，气温骤降，风卷着雪花，一层层地压在我瘦弱的身体上，我几乎绝望了，岩石说："挺住啊，孩子，别被这风雪所击垮！""别放弃，明天会更美好！"我咬牙坚持了过去，老天似乎被感动了，柔和的阳光融化了冰雪，化为我生存的水分。也许，这就是上天对我的考验。

终于，我生长出了一朵饱满的花苞，寒冬已经散去，春姑娘也即将到来，我期盼那"一览众山小"的豪迈，果然，大自然用魔法使我张开了笑脸，我汲取着阳光，享受着和风，摇摆着身姿，那一刻，我俨然成了高山上一道亮丽的风景线。我知道，只要怀揣梦想，没有什么是不可能的，我想说："大地母亲，你的子女会为您添上一笔更美颜色的！"

那时，世界都在我脚下，人们不禁惊叹于我的艳丽，更惊叹于我顽强的生命力。啊，自然母亲啊，请为我点赞吧！

喜欢旅行的 N 个理由

张睿洋

背起行囊，穿上长靴，戴上圆帽，踏上漫漫的旅途。

我喜欢旅行。尽管疲倦和伤痛充斥着旅途；尽管伤感和惆怅可能替代了欢乐，但我仍然喜欢旅行。

旅行给予我多样的美的享受。在黄山狮子峰下的清凉台上，在那个万籁俱寂的星辰漫天的夜晚，我静静地仰望东方的一丝鱼肚白。注视那晨曦将天际染红，将云海飘成绚彩。当金黄的阳光闪耀地朗照在那奇松和怪石之上，便是雄壮的美丽；游访崖州，在南海之滨的沙滩上逐浪和拾贝时，静静地听海浪和潮汐的声音，便是广阔的美丽；坐进乌篷船，穿过杏花雨，在那一条条窄窄的水道中航行，注目于青黛色的古砖，便是柔婉的美。

旅行给予我不同文化的思索的机会。富士山巅上，雪顶熠熠地闪着光亮，我凝视着似曾相识而又无比陌生的大和文化，可以毫不犹豫地说，它是中华文化的一个分支，但是在几百年的辗转和蜕变后，形成了自己的特点；瑞士伯尔尼的石板路上，我观察着街道上的马车、行人和稀少到出奇的汽车，还有那街头的一幢金光灿灿的标准性钟楼。我在想，欧洲，还是领导当今社会走向近现代的地域，为何却可以留存着优于他国的古蕴和传统文化？或许，旅行不仅仅让我们发出一阵惊叹，还会带给我们无尽的疑惑和发现。

旅行还给予我调整心情的思维哲学。旅途中，总会有阴雨霏霏，沿途受阻或是惆怅失落。但是，历经跋涉，艰辛，我们总能再次收获和观赏到令我们自己欣慰的风景或是成果。有时，我们眺望远山，观赏云海，便会把不快和忧愁忘却，在心底里挪开空间来承载豁达和释怀。旅行时，山川、溪流、森林或是云雾，便在无形中使我们构建起这种境界。

旅行也给我人生的启示。人生就好比永不间断的旅途，充斥着各种情感。但若我们一直向前看，向上看，人生的基调便是快乐和希望。一切沮丧和失望仅仅是暂时的，只要我们坚持走下去，总可以走出阴霾，抵达蓝天下。

理好行囊，穿好长靴，扶正圆帽，继续漫漫的旅途。

010

读书使我忘我

冯优优

夜，静得有点儿惬意，幽蓝如幕的夜空下，没有皎洁的明月，也没有明亮的星星。桌上，那一盏灯，静静地照着我，我出神地在文字的群山中跋涉，独自享受，默默前行。

读书，是最朴素的朝拜方式，路上不需要太多，也不会有太多。一盏灯，一把木制椅子，一扇窗。如果说奢侈，就是要有一摞摞的书，最好是纸页泛黄，仿佛沉淀了人类一切思想和情愫。一本书就是一个世界。净化灵魂，又何须那么多的烦琐尘俗，只要在静谧的世界里，读一本书，让那淡淡的书香横溢在自己的世界，宁静而致远……

夜凉如水，我读杨绛。杨绛说："人家挂着窗帘呢，别去窥望。宁可自己也挂上一个，华丽的也好，朴素的也好，如果你不屑挂，或懒得挂，不妨就敞着个赤裸裸的窗口。不过，你总得尊重别人家的窗帘。"这段温婉中不失刚强，淳朴中不失灵秀的文字，充满理解和尊重，涵容着杨绛所特有的那种淡泊、宁静的文化情怀。我想，钱默存先生是洁白素净的窗帘，杨绛却是与之相得益彰的窗帘。这窗帘以天真为质，以朴素着色，垂着透明软纱，在风里摇曳……

翻阅《边城》最后一页，心头竟掠过一丝长长的叹息。沈先生十枚陈年的玉，因为年代久了，倒越发珍贵。

萧红死时说："我将与长天碧水共处，留得半部'红楼'给别人写了，半生尽遭白眼冷遇，身先死，不甘不甘！"这句话究竟包含了萧红多少的忧伤？多少的凄凉？多少的不甘？我想起欧阳修的那句词——泪眼问花花不语，乱红飞过秋千去。在那样一个年代里，以萧红桀骜不驯的性格，又怨得了谁呢？当今世上，谁敢拿自己的作品与"红楼"相比？萧红，也只有萧红！

011

书，又翻了一遍，灯光在书页上留下痕迹，指尖触摸过的地方似乎还有泪的踪影。流泪，往往不是因为忧伤，而是因为震撼。

树影婆娑，万籁俱寂，沉睡的夜空随微风的韵调，浅咏低吟，枕着这一夜风声，我在晨曦微露时分，安然睡去。

在无数个这样的夜里，我寻不着自己了，只身在文字背后的世界里探索。

巷子深处，妙不可言

张 言

那年，去了周庄，便难以忘记。

宛若那曲径通幽的巷子深处，蕴含着沉寂而古老的灵魂。

那一刻，妙不可言。

012

巷 中 雨 幽

天空下着牛毛细雨，烟雨朦胧处，一亭一桥若隐若现，像是羞涩女子半掩轻纱，引人思绪无限飞扬。走在青石板上，踩出一个个小水坑，溅起的水珠儿如同玉般圆润，再轻落下，碎成一朵水花。

那雨是那么柔，轻抚着巷子的青砖，染上一层墨绿。远望巷子的深处，心中滋长着妙不可言的情愫，巷中雨，是妙不可言的。

巷 中 风 深

渐渐地，雨悄然停了。风夹着一股浓郁清香而来。它像是绸缎子，轻柔地包裹着你，包裹着那颗心。

风从身边掠去，急急地向巷子深处涌去，卷来了一阵笛声，深远而悠长。那风里萦绕着甜丝丝的味道，巷中的风，是妙不可言的。

巷 中 人 续

心中涌着不耐烦，奔向巷子深处，哗然，一片喧声缭乱。巷子两侧布满摊位，也许是小吃，也许是油纸伞，也许是笛，各样的玲珑映入眼帘。

卖家，买家，无不喜笑颜开，原来巷子深处是如此一番景象，出人意料而又预料之中。那浓情的味儿散开来，沉淀在心底，那么厚实，那么质朴。

或明天无雨，或后天无风，但这巷中人却始终在，巷子深处，存在着永不断的人，妙不可言。

我们不断追求而不断前进，有时会忘了巷子深处的东西。停下脚步，合上双眼，大自然的一切都在呼唤你。那是妙不可言的感情，用心听吧。

巷亦幽深深无尽，人亦有情情不泯。

花开的日子

丁锦晖

在回忆中，爷爷家的老屋旁，有一块桃花林，春去秋来，花开花落。

爷爷最爱这一片桃花，他说这里是天堂般的景色，漫步在花丛里，每次都是不一样的感受。

我小时候，爷爷最爱牵着我的小手，在桃花林里漫步，扑面而来的桃花，如一张张笑脸，百转千回，桃花在阳光映衬下，更加明艳了，蜂蝶翩翩，好不热闹。

"爷爷，给我摘朵花儿，花儿好美呀！"

"没问题，你要哪一朵，就这朵好吧？"

爷爷摘下了枝头最明媚的一朵，放在了我的小手上。那纯正的乡音，让人觉得好亲切。

"爷爷，爷爷，这朵花送你啦。"我把花别在了爷爷的袖缝里。"乖孙儿，爷爷没白疼你。"爷爷摸了摸我的脑袋，又紧紧地握住了我的手。起风了，花朵跳着舞为我们送行，天好蓝，蓝得深邃无比。

去年，爷爷被查出了癌症，已经到了晚期。但他坚持要和我再去一趟桃花林。

那时天阴沉沉的，怕是要下雨了。但桃花依旧开得绚烂，我搀扶着爷爷，一步一步地移动。爷爷病痛得几乎不会迈步，他的眼睛一抖一抖，突然掉下了泪水。

"孙儿，这恐怕是我们最后一次一起到这里来了呀！"爷爷摸了摸身边的花，眼泪滴落在花瓣上。

我突然很想哭，"爷爷，不要这样说，你一定要好起来，等我长大了还要买好烟好酒孝敬您呢！"桃花粉红，却让人心碎无比。

"孙儿，我不在后，你一定要孝顺奶奶和你爸妈，考个好大学，爷爷会保佑你的。"爷爷用干枯的手帮我擦去了泪。我用力抱了抱爷爷，心如刀绞。我们迈进家门时，大雨倾盆而下，下在这花开的日子里。

今年的第一场梅雨。夜里，爷爷走了，走在花开的日子里，带走了我的心痛。

送爷爷时，我是孙子，要捧着遗像走在最前头，天下着小雨，我伴着这雨流干了眼泪。正好要走过桃花林，我停了下来，看着被昨夜风雨摧残后，桃林残花满地。我又哭了，是怀念，是不舍。爷爷，我和你又来桃花林了。

天空虽有细雨，但却格外的蓝，爷爷就在那天上。

人生总有结束，就像花儿总有枯萎之时。但我相信，爷爷一定会在天上看着我，为我祝福；愿天上也有一片桃花林。

爷爷，以后花开的日子里，我一定会来桃花林，在灿烂的桃花中，回味你给我的温暖与爱。

妈妈的眼泪

孙 伟

015

妈妈坐在桌子旁边，无声地哭泣。

桌上，摆着我的月考数学试卷，上面写着张牙舞爪的分数：79，它们的最后一竖如刺般，刺痛了妈妈的心，她的泪模糊了试卷，也潮湿了我的心。

雨淅沥沥地下着，勾起了我对往事的回忆。

刚开学时，妈妈对我异常苛刻。

原以为上学期考得不错，负担就少了许多，但妈妈总是不厌其烦地对我唠叨："快点儿做数学啦，你现在太轻松，赶快做一会儿作业吧。"我总是回应一个白眼。书桌上有几本课外题，从买回来我就未曾碰过。

我喜欢上了玩游戏，一有空就捧起手机沉入那无边无际的虚拟世界，几乎无法自拔。妈妈自然心急如焚，甚至把手机格式化，可是我想尽办法重新装游戏软件，就这样反复拉锯，无休无止，妈妈最后只得在一旁，默默地叹气。

可现在，面对泪眼模糊的妈妈，我有些不知所措了。我心里开始愧疚，却无法表达，我觉得这成绩是我一手酿下的苦果，却让妈妈品尝。

妈妈让我做课外练习，只是想让我有更多的经验，能取得更好的成绩，从而考上更好的学校，有更美好的人生，可是，我没能体会妈妈的用心。

妈妈让我别玩游戏，是怕我沉迷上瘾，她从未亲口说出，只怕打破了这份平和。她只希望我能自觉合理地分配时间，不要等长大了才后悔，可是，我没有懂得妈妈的爱。

妈妈为我做的一切，我却误认为是多管闲事，这"79"给了我当头一棒，让我彻彻底底明白：我原来的想法、做法全错了！

妈妈抬头看了看我，眼神竟有些许的无奈。

我低了头做作业，却连一个字都看不进去，我的心中泛起阵阵酸涩，涌上来后又变成了滴滴眼泪……

妈妈，全心全意为我，不求半点儿回报，却被我的所作所为伤得泪流满面。

我呜咽着向妈妈道歉，心中默默立下一个誓言：从今往后，再也不伤妈妈的心，不让妈妈因我而流一滴泪。

那一段难忘的时光

景炫程

时光带给我们的不仅有难忘的经历，而且也会有难忘的感悟。

记得曾经为了提高我吃苦耐劳的精神，改掉我好吃懒做的习惯，父母将我送去了一个夏令营。

夏令营里的同学大抵分为两种：自主报名参加与组织赞助参加，而我属于前者。

前几天的日子过得比较清闲，大多只是些文化课之类的，而到了第九天，我们便来到了一个工地，老师把我们分成两组进行比赛，每一组人在一天内将一辆车上的砖搬到不远处的工地上，自主报名的人为一组，组织赞助的人为另一组。车不大，车里的砖看上去也不多。与我一组的同学纷纷鼓掌："这么点儿砖要一天时间？""这点儿砖是不是太少了？"而旁边的另一组同学却没有跟着鼓掌，只是看着我们奇怪地笑。

老师让我们准备好，就开始搬砖，我们兴高采烈地爬上车开始了工作，可是，当把砖头捧到手上的那一刻，发现刚才的话说过头了，砖头比我们原来想象的要重得多。从车上下来走几步就感觉身子在晃晃悠悠，如同醉了酒一般，从车旁走到施工处，虽然不远，但砖头实在太重，咬着牙把砖头搬到了施工处，连回头的力气都没有了。

大家虽然坚持搬了两趟，可是最后我们这一组的同学都躲到车的背阴处乘凉去了，车上的砖头只搬走了几十块。而另一边的同学们却干劲十足，虽然冒着火一般的太阳，但他们快速搬着砖往返于车与工地之间，仅仅一二个小时，不仅把他们车上的砖搬走了，还帮我们把车上的砖头搬完了。

后来老师告诉了我们真相，这些赞助的孩子都是农民工子弟，每天为了补贴家用平时假期都要到工地干活的，不然也不会有这样的表现。

这深深震撼了我，他们不仅要学习，还要顶着太阳做工，这对我来说是无法想象的，反观我自己却是好吃懒做，连学习都不肯费点儿功夫，还鄙视劳动，是不是真的太舒服了？想到这，方才真正领悟父母让我来夏令营的目的。

这事虽然过去两年了，但我至今仍不能忘记那次特殊的夏令营活动，还有那次活动获得的深刻感悟。

018

静静的小巷

丁家宜

听，小巷里可真静啊！

我站在窗口，看着巷子。清晨的阳光如一缕纱，罩着每个角落。梧桐树孤独地立在巷子里。春天到了，树上翻出了新叶，嫩绿中带着乳白，真似新生的婴儿般，我摸了摸手边泛黄的书面，这样的生活挺好。

小巷一直是这样静，没有行人，没有鸟儿。偶然有声音时，我一看，哦，周六了，一对小夫妻每周六都会来看老人，我什么时候也要去看看爸妈了吧。为了打拼，我离开了他们，住进了另一个城市的一个小巷中，想到这些，就有莫名的伤心。

一天清晨，两声鸟鸣打破了我的美梦，真讨厌啊！什么鸟飞来飞去，叨扰了我的心绪，打乱了小巷子的宁静！赶走它们吧，我望着苍白的天花板出神。

过了几日，我来到了窗口，鸟鸣声吸引了我的注意，梧桐树上，俨然多了一个黑乎乎的巢。里面还藏着两枚蛋，雌鸟安心地拥着它们。突然她鸣叫了起来，远处有一个黑点，肯定是找食的雄鸟吧。多了这么个邻居，我苦笑了几声，却没原来那样心烦，梧桐树也不孤单了。

几个月一晃而过，鸟儿们一直没有安静过。小鸟出巢、长大、第一次飞，都是让人感动的时刻，小巷不静，却暖了许多。

我开始格外关注这个大家庭了，今天我看到了一幕，不禁热泪盈眶：小鸟叼回了第一条虫孝敬父母，虫儿很大，应该够吃了吧。一家四口相聚之时，竟又出现了安静的片刻。热茶氤氲，升腾着、翻卷着，脑海里印出了父母的笑颜……明天我也要回家看看他们了。

第二天我立马动身，父母并不意外，他们听说了鸟的故事，多年的皱纹竟舒展了些许，他们喜欢的也许不是小巷的生活，应该是被鸟儿的一家所感动了吧！父母见不到自己的孩子，自然羡慕它们，我自责无比。

一晚，下着暴雨，我不禁有些担心，这样的话鸟的一家怎么办？夜里的灯在雨的映衬下，有一圈圈的光晕，如一个个太阳般，但愿这"太阳"能帮到它们吧！

上天保佑，第二天一早，我发现鸟的一家安然无恙。

它们每天依旧忙碌着。我的日子无比充实。

此时我的耳中，我的心中，没有纷乱的声音。我找回了许久不见的安静，心中又多了些温暖。

至少在我心中，门前小巷是安静的，静得感动我心。

生命之旅

孙毅诚

我曾不止一次地思考：从前的地球是什么样的？地球一直拥有生命吗？也许，从前的地球不过是一颗小行星。

新生命——细菌在地球上出现时，没有眼睛，只能在海水中漂浮。也许，它对外面的世界十分好奇，很想看看周围，于是它开始了生命的旅程——进化。它改变身体，将自己变大，成了一条可以在水中扭动前进的游虫，可是它还是无法看见世界。它的想法不断激励着它，于是，它变成了一条早期的鱼，身上披着厚重粗糙的甲，可喜的是，它终于长出了眼睛，它兴奋地观察着周围的世界，发现周围有许多和自己相像的鱼，它意识到这儿并不只有它一个。它一边找寻着可以充饥的食物，一边继续朝前旅行……突然，它撞到了一块泥土，它抬头，冒出水面，发现了陆地，它萌生出了想要上去的心。它知道，它的同伴们一定也想上去一探究竟，但是它们无法上岸。于是，它游回海底，准备再一次进化。

很长一段时间后，它终于完成了这个时期的进化。它发现自己个头更大了，并且鳍部生出了四只短而有力的爪子。它慢慢爬上陆地，看见了许多绿色的植物，可是它太矮小了，根本够不着枝叶。于是，它进化成了一种高大的动物，身手敏捷，可以在树上跳来跳去，吃到树叶野果。它的大脑逐渐发达起来，学会了思考、判断，它叫类人猿。它很快就明白了丛林法则，它要让自己变得强壮，它住进了山洞，学会了直立行走，并与同伴一起打造骨刀、长矛等武器，猎杀动物，用火煮食……

它从最原始的生命开始旅行，历经无数次进化，终于成了这个星球上的强者。

当生命之旅开始的时候，地球也开始了变化，最终成了当今生命赖以生存的家园。

重拾信心

马 鑫

021

去年暑假，我来到一个游乐场。

那儿有一个很大的游泳池，由浅到深，最深处有两米多。一看到这个大游泳池，我立刻兴奋起来，忙脱掉鞋子，欢呼着冲到了水中。虽然水有点儿凉，水质也不太好，但刚刚学会游泳的我急切地想要展示一下。我一头扎入水中，沿着池边往深水区游去。水越来越深，岸上一直注视着我的妈妈让我不要往前游了，再游会有危险。于是，我停了下来，心想：妈妈老管着我，我去那一边，尽量离妈妈远一点儿。

过了一会儿趁着妈妈不注意，我偷偷地溜到了泳池的另一边，继续向深水区前进。不幸发生了，泳池开启了人工海浪效果，海浪像一只无形的巨手，一会儿把我推向岸上，一会儿将我拖向深水。耳边传来妈妈焦急的呼喊声：诚诚快回来，快回来……我竭力转过身，想往回游，可不管怎么游，就是摆脱不了海浪的控制。我渐渐被拖向更深的水域，只能踮起脚尖，在水底一跳一跳的，尽力将头露出水面换气。在水浪不停的折磨中，我无法够到水池边的扶手，渐渐地也没有了力气。就在我快要放弃的时候，耳边又传来妈妈的呼喊声：撑住啊，儿子，小健叔叔去救你了。我的头脑立刻清醒起来：加油啊！一定要坚持，要再拼一拼！于是我重拾信心，铆足全身的劲儿，奋力向浅水区游去。浪头及时地推了我一把，也给我增添了力量，我努力游，一米、两米……终于，小健叔叔到了，将筋疲力尽的我带到扶手梯边，推我上了岸。

我倒在地上，气喘吁吁。妈妈飞奔过来，心急如焚地问我有没有事，我说没事，然后我就在太阳下眯上了眼睛。

即使遇到再大的困难也决不能放弃，有了信心，才有一切。

听听夜的声音

束泓烨

时间，经常在悄然中流逝，但多多少少也会发出声音来。

"嘀嗒，嘀嗒……"天空拉上了黑幕，夜晚悄悄来临，在万籁俱寂的时刻，唯有我房间的时钟在不知疲倦地转动，就像一个人在夜晚一直不停地爬着楼梯，发出令人窒息的声响。

我躺在床上，仰望星空，天空月明星稀。月亮近似圆形，月光照亮半边天，月光惨白惨白。突然，一朵乌云如狼似虎般，遮住了月亮，只能从周围散发的光判断出月亮的位置。静静的夜，似乎能听到自己的心跳声。

周围的星星不停地眨着眼，两架闪着红灯的飞机在天空慢慢移动。我闭上眼静静地聆听，蛐蛐在肆无忌惮地唱歌，秒针的"嘀嗒"声在给它打拍子，组成了夜的交响曲。

月亮再次露出了脸，发出了珍珠般的光泽，隐约看到月球表面像地图一样，黑白的地势清晰可见，是不是眼睛花了？再用心盯着它细细地看，似乎看到了神话故事中嫦娥的广寒宫和吴刚怎么砍也砍不倒的那棵桂花树。

时钟在一秒秒地转动，时间在一刻刻地流逝。在安静的晚上，时钟的声音像暴怒的狮子，被束缚在笼子里怒吼。我辗转难眠，索性将扰民的时钟塞进了被窝。这下安静了，我闭上了眼。

此刻，夜是美好的，我是幸福的。

023

听听风的声音

马　毓

风，有时是恐怖的象征，有时是温柔的代表。它发出的各种声音值得细细欣赏。

花开的日子

寒冬腊月，我在奶奶家的院子里漫步。天地一片苍白，北风裹着冰冷的雪花，朝我冲来。我连忙戴上帽子，抵御着北风的猛攻。北风狂怒地吼着，冲向各种植物，它撞断了小草，折下了枝叶，再一次又一次向我冲来。我听到它发出的"呜呜"声，好像在说："你这个不属于雪地的家伙，快离开，否则，我就不客气了！"我没有动弹，它发怒了，卷起雪花，咆哮着冲向我。顿时，我一身雪花，像个雪人似的站在那儿，但我依旧没有屈服。北风不依不饶，发出刺耳的声音，用它那寒冰之刃挥舞着，给我带来一阵阵钻心的疼痛。最终，它赢了。它看着走开的我，高举寒冰之刃，发出胜利的呼啸。

和残暴的北风相反，春风则十分温柔，它抚摸着小草，让它冒出嫩芽；它让花儿争相开放；它让大树抽出枝条；它让小河重新开始流淌……春风发出细微的"呼呼"声，与小草喃喃细语。它的温暖与北风的寒冷截然不同。北风的怒吼代表着摧残，春风的细语代表着安抚。春风轻柔地拂过我的脸庞，带来温暖。它将生命的活力带来，注入我的身体，赶走了冬天的疲倦。它仿佛在说："春天来了，万物焕然一新啦。"它为我们带来了希望和力量。

风也有性格。它们像一群演奏家，用自己的声音表达着自己的感情。

听听风的声音，感受世界的新奇。

风　雨

钱蝶飞

他是一位错生于帝王家的词人。

偏安于江南的他，从一开始就陷于宫廷，从未见过宫外的世界，看看墙外的百姓，或是北边另一个王国。他沉溺于这种安逸华美的生活中，以为是永不醒来的梦境。"待踏马蹄清夜月"，此刻金陵的月色依旧清明。但那月色，何曾一直可人？不过是一时的皎洁。

终于，一场风雨刹那间洗去了过往的浮华，他睁开迷惘的眼，映入眼帘的是一个灰蒙蒙的潮湿而寒冷的世界。一切是从什么时候开始的呢？仿佛国破家亡，那种遥远到不曾思考过的问题，忽然间把昨日烙上深深的印迹，他就那么被迫负上了一个太过沉重的罪名。

我们无法想象，他会如何面对被一场风雨颠覆的命运。历史的声音太过喧嚣，终究用冰冷将个人的无力全部淹没。王国维在评论他时，曾用一种"特殊的悲悯"，去谅解他。但当时，真正怀着这种悲悯去看待他的，又有几人？

但他，从此刻真正蜕变为一位词人了。

"无奈朝来寒雨，晚来风"，这风这雨，大概不只是春深时的风雨吧？他确实是无奈的，对于那场风雨。

"林花谢了春红，太匆匆"，他的春，匆匆而过，在慨叹中，在泪流中。

"小楼昨夜又东风，故国不堪回首月明中"，除却当年的雅兴，今朝残余的，多是对故国不再的不堪回首。然而，这一次，他的文字真正有了动人心魄的哀愁。

"帘外雨潺潺，春意阑珊"，在雨中，他恍觉"梦里不知身是客"，回忆起"一晌贪欢"的过往。这一刻，他终于超脱于梦境之外，看到人世的无常，生命的变幻。

是的，那一场政治的风云变幻，让他在文学中永久地写下自己的名字；也许他被生命的风雨淹没，但他的词，于哀伤中完成词的意境的升华。

风雨过后浮华了，而浮华的背后，是新生。

画

王楚楚

一片春色；淡淡水墨。

我凝视着这幅画，若有所思。

你端坐在旁，笑问：泡一杯人生，如何？

一杯人生，二分流水，三分绿意。

茶源于尘土止于流水，人生源于苦难止于苦难。

竹雨缤纷翩翩而下，绿雾弥漫影影绰绰，亦如苦难。

你轻笑：浮生若茶。

茶，终有一日皆尽；浮生，何时而尽？

一生匆匆，随风逐波，带走什么，又留下什么，唯有苦难罢了。

我摇头：苦难不尽。

你点头，轻晃绿波，随即一口茶，悠然不已。

你说：浮生不定，何处不停留。与其背一生苦难，不如淡然放下。

我苦笑：如何放下？既是浮生，怎轻易了却红尘。离世，是陷入下一个苦难的轮回罢了。一任浮华，都是过眼云烟，放不下的，唯有苦难。

你看我一眼，似有深意：品茶第一道苦涩，第二道甜香，第三道清淡。茶微苦而余香不散，人生因苦难而珍贵。人生本身是一道难题，人人亦云，悟道不同，苦难的意义也就不同。其实，看透人生，苦难不过如此。

我点头，想起佛门悟道：斟破，放下，自在。俗事烦扰，纠缠一生，终是不自在。人因有苦难，而去寻找生命的答案，找到，往事早随风而去。放下包袱，远离纷乱，寻一份宁静。其实，无论是茶，还是浮生，都是使人回归至纯至简，至明至净。

我再看向那幅画，水墨洒脱，人生与苦难并蒂，已然达到人生最高境界。心里顿时释然。

你已不在，却留有一份悠然。

回望那杯茶，绿意已落定。

花开的日子

画

黄 薇

执一支丹青在手，寻寻觅觅，不断求索，寻找记忆中的一卷画轴。挥毫泼墨，水墨丹青。

秦朝应是泥金色。尽管秦王暴政，白骨遍地，却不能抹杀他的功绩。当他注视东方时，他便和过去说了再见。他不再是一地之王，而是前所未有的皇帝。华丽而工整的泥金，再合适不过。

汉朝自然是橙色。文景之治下的山川，百姓安居乐业，从秦朝万恶的统治中脱离的人民仿佛新生一般，司马相如与卓文君更是为这个时代增添了不少活泼的色彩。整个汉朝，犹如初升的朝阳，迎接希望的到来。

唐朝无疑是黄色。从淡淡的鹅黄到辉煌的金黄，初唐也走到了盛唐。流动的色彩从未如此欢快，胡姬的金铃，一闪而逝的裙袂，仿佛就在眼前，生动鲜艳，让人不敢直视。有过如此开明的王朝，哪怕日后湮灭，也不留遗憾，毕竟我们曾经拥有过，不在乎天长地久。

长袖舞出了宋朝，浓词艳赋，不绝于耳。整个宋朝都是湿湿软软的，偏安一隅还能歌舞升平，仿佛一个不知人间疾苦，骨子里缺少了阳刚之气的富家子弟。国家不幸诗家幸。一时间，无数的志士仁人都站了出来，口诛笔伐，披坚执锐。虽时隔千年，依旧不减当年风采。

真真是个桃红的朝代，又软又绵，骨子里氤氲着靡丽。

铁骑踏出了元代，版图空前的辽阔，四处征战，连年不休，所到之处，哭声震天，血流成河。屠城，是他们最乐此不疲的事，哪怕穿上最昂贵的衣服，也掩盖不了豺狼一般的性格。他们眼中一闪而逝的残忍，便是最好的证明。每每得胜归去，死亡的气息便笼罩在城市上空。血腥弥漫，远方，更是残阳似血。自始至终，都无法软化的血红王朝，是铁骨铮铮，还是凶猛成性，只有他们的马刀知晓。

历史走进了清朝，扑面而来的压抑，令人几乎窒息。铁腕统治下的清朝文人，再也不能肆无忌惮地高谈博论，"天子呼来不上船"的风采，已是一去不复返了。怕是连梦中也不敢与"酒中仙"神交了。闭关锁国的清朝，昏黄黯淡，没有一点儿活力，没有一丝朝气。

画卷几近末端，搁笔审视，却再也回不到当初的辉煌，剩下的，只有不慎泼翻的色板，一团杂乱，不堪入目，恰似历史繁杂的一切。

029

走近了，才知道

王若禹

风，呼呼地刮着；雪，翩翩地飘着；车，咔咔地响着。远处，是暴风雪中险峻的山峰，从此，将是无尽的坎坷与惆怅。等待他的，是与故土的一次永别。

他，不久之前还是一国至尊，可现在已沦为阶下囚。这仅仅是金人铁骑的威力所至吗？不，堂堂大宋百万禁军怎会不敌十余万戎狄？

那么，这又是什么原因呢？他思索着，似乎看见了蔡京、童贯、高俅、杨戬等人左右奉迎的嘴脸。可惜啊，直至今日，他才看见了小人的真面目。冥冥之中，他似乎又听见了他的子民的哀怨，还有主战派忠臣的疾呼。难道，难道，是我赵佶一手断送了大宋的前程，丢弃了千千万万"南望王师又一年"的子民？他无法面对这样的现实，更无颜面对，泪水在脸上肆意流淌。

走近了国亡，才知道用人的重要！

雪下得更大了，寒风也越发刺骨。赵佶不禁打了一个哆嗦，但没有裘皮给他送来，过了许久，忠心耿耿的随从才给他找来了一件破布衣。再看看随从，只穿了一件单衣，寒风毫无遮拦地灌进他的领口。昏昏沉沉中，赵佶昏睡了过去。在梦中，他重用忠臣，将蔡京等六人打入死牢。汴京城内，居民无不安居乐业；即使是在乡野，也无一冻饿而死之人。他士气高昂的虎狼之师连克金人、契丹人的边关重镇，将敌人打得落花流水，狼狈逃窜。真是美好啊……突然，车停了下来，赵佶醒了，睁开蒙眬的双眼，只见一个老人颤巍巍地走到他的马车前，跪在了地上为他献上食物，口中不停地叨念着什么。赵佶因为饥饿，狼吞虎咽地吃完了所有的食物，感觉温暖而香甜，一股暖流在他心中涌动，内心积聚的情感一直无处释放，此刻，终于爆发了出来，他伏倒在那人肩上，痛哭起来。这些年来，他从未真正地为百姓着想，全然不顾他们的死活，可百姓却没有忘记他，即使成了阶下囚，他们也没有丢弃他。

走近了自灭，才知道百姓如此淳朴！

深深的夜色里，赵佶随车被押送着向北方前进，凛冽的寒风中，宋徽宗深深地哀叹：

走近了灭亡，才知道！

心灵的脚步

　　放慢心灵的脚步，春天，体味花香；夏天，品茗荷塘；秋天，欣赏硕果；冬天，观望白雪。人生，需要放慢心灵的脚步驻足观赏路边的美景，在心灵上烙下印迹。

铭　记

林梓文

淅淅沥沥的小雨。密密地斜织着，悄然沾湿衣裳。宛如那些因细微而被忽略的爱，于无声中浸润了干涸的心……

随意瞥了一眼发下的试卷，却惊讶地发现密密的反思总结中被红笔稍加圈点，仔细一看，才为写时的马虎潦草而羞愧，但更为老师的细致认真而心头一暖，只觉得身旁一直有一道温和的目光，凝望着我一点点向前的身影。回想时，才发现无论小考大考，老师总会帮我细细分析总结，错误、原因都清清楚楚。窗外，一树树明艳的紫红色，不经意间让目光沉醉眩晕。

我们已分离得太久太久，但偶尔的见面，依旧是以前的欣喜，仿佛时光按下了暂停键，彼此的笑容不曾改变。依旧走过那条相似的长廊，一起看细密的雨，看雨中生长的春天，看那一丛丛绿叶中烂漫的金黄。风悄然吹过，彼此手心依旧温热，我相信以后的我们仍不会改变。

不知何时，我开始留心。留心父母的关怀，留心到家的问候，留心适时的安慰，留心爸爸每天同一时间打来的电话，留心一句句叮咛，留心夜间写作业时妈妈的陪伴，留心雨天的撑伞……无数的点滴已经渗透、融入了我的生活，让我此时才完全明白。

也许，正是由于细微平常，才忽视了这浓浓的幸福。像是在转角处，无数细微的雪白花朵，在每个春天肆意绽放，但只有这个春天，你才恍然惊叹，沉溺于那铺天盖地的花海。而这，是平常而又平常的呀，这不是这一春的专属啊！

阳光透过枝丫与树叶的空隙，洒落一地灿烂，那细碎的光，正如那些细微的爱，无声无息，透彻心扉！

铭　记

吴沁怡

033

曾经，对死亡这两个字眼很是畏惧。然而，当我知道了这些人、这些事、这些话以后，我对死亡有了新的认识。

"人生自古谁无死，留取丹心照汗青！"面对元朝官员最后的劝降，他冷笑，豪迈地吟出了这千古绝唱。刽子手杀气腾腾地走来，他毫不畏惧。一身凛然正气令杀人无数的刽子手也不禁战栗。文天祥，一位临死前也要面南而跪的忠臣，他的死亡是对民族气节的最好诠释，令我铭记。

这是一个秋风萧瑟的早晨，白公馆内。一阵刺鼻的血腥味扑面而来，一声声的惨叫，如同人间地狱。严刑逼供，她没有倒下，灼热的烙铁、刺骨的寒水，反而更磨砺了她坚强的意志。革命的篇章里，江竹筠用鲜血勾画出一轮普照大地的艳阳。她的死亡是对珍爱信念的最好诠释，令我铭记。

"面朝大海，春暖花开。"他也曾有过对生命的眷恋。然而，诗人的思想不被世俗所认同，他年复一年地生活在紧张的情绪下，濒临崩溃。终于，带着不被理解的失落，海子选择了卧轨。他的死亡是对美好梦想的追求，令我铭记。

在不幸瘫痪的二十三年里，她的骨骼格外脆弱，错位的骨头推挤着器官，令她痛苦不堪。最可怕的是，这痛苦没有终点。既然再也没有能力享受生活，那么，为什么还要咬牙活下去？死亡对她是一种解脱。于是这位荷兰老妇人安妮·巴斯向"生命终结"诊所申请了安乐死。她的死亡是对新的生活的追求，令我铭记。

原来，死亡并不可怕。只要死而无悔，就够了。我将永远铭记他们，铭记他们带给我的震撼，怀揣一份独特情愫踏上新的旅途。

034

铭　记

王　宁

铭记，不是将曾经的故事抄录在泛黄的日记里，而是永远铭刻在心上。

还记得那是一个周末，我与爸爸搭了公交车到乡下婆婆家吃饭。那天阴天，树叶被风撕裂，呜呜地喊叫。

下午，天阴沉得如黑夜般，大概三点多钟雨水就倾泻而下，狂风更肆意奔跑，我急忙通知了爸爸，他皱着眉头应道："等雨停了再回吧。"

过了个把钟头，雨不但没有停，反而发起了更大的攻势，豆大的雨粒狠狠砸向砖瓦与地上摇摇摆摆的蔬菜。雨声"噼噼啪啪"，如机关枪乱扫一样，风如脱了缰的野马，四处冲撞。爸爸看着这样的天，不作声了，我担忧地看着他。因为我明天要上学，今晚还有一点儿作业需要完成，怎么办呢？

　　过了好一会儿，爸爸好像下了很大决心似的，咬了咬牙："走！""什么，怎么走？"我有些惊诧。"你打伞，我背你。"于是，爸爸蹚着淹没了脚板的水，赤足冲进雨帘里，毫不犹豫。

　　我伏在爸爸背上，惊惶的感觉变淡了。爸爸的背如山一般坚强踏实，又似被窝般温暖舒适。但雨伞此时只是个摆设，雨打在我们身上，很快就浸成了一片水迹，风乘机帮忙捣乱，让我们几乎浑身湿透，爸爸背着我快步走了一阵，开始有点儿摇摇晃晃，明显吃力了，我担心地问："爸爸，要不我下来走吧？""不！"他抬头望了望远方的车站，摇了摇头。风，使劲吹着，雨，猛烈下着，爸爸背着我艰难地向车站方向走去。

　　我感到颠簸的路途中，交织了神圣一般的光辉。感觉爸爸的脚有些跛了，我涌出了泪，雨与泪混在一起，模糊了我的视线。

　　上了车，我才知道，爸爸的脚底，不知被什么划开了一个深深的血口，还在淌着血水……

　　我的心中，铭记下了这个难忘的下午。

　　父亲无私而又坚强的爱，深深地被我铭记于心，永远珍藏。

铭　记

李江薇

　　夕阳的余晖像金沙般轻柔地披在了杨柳河畔，河面上荡漾着丝丝泛红泛粉泛黄的迷人光泽，显得神圣而美丽。

　　在这个游人如织的傍晚，我沿着河岸惬意安详地散步，内心平静而无忧无虑。忽然，一声无助的哀鸣打破了这种宁静，紧接着，又传来接连哀鸣的"汪——呜——汪"，怎么，小狗怎会这样哀鸣？

　　循声望去，在不远处的河边、水中，我发现了两只狗，一只浑身白色的茸毛狗在水里挣扎，一只黄色茸毛狗正在惊慌失措地跑着，叫着，似乎想要去把河中的狗救上来，却又无能为力。看着它们可怜又无奈的模样，我急忙找来一根长长的树枝，伸入水中，长度刚好。可怜的小狗竭力舞动着两只前爪，好像一个落水的人，要抓住救命稻草。可它这么慌张、惊恐，又有些笨拙，不仅没有抓着树枝，反而又向下沉了几分，我的心也随着下沉。但不幸中的万幸，这只落水狗最终用牙齿咬住了树枝，被我拖上了岸。

　　我没有离开，细细观察着这一黄一白的两只小狗，只见小黄立即靠了上去依偎在小白的身边，也许是想将自己的体温传递给小白，也许是给小白一点儿安慰吧。小黄低下头，耐心地，一丝不苟地，像对待世间绝宝似的舔舐着小白的毛，用自己的关心与爱一点点拂去小白的寒冷。它是那么用心，那么仔细，简直如同母亲对待子女一般。渐渐地，小白不再颤抖了，还试着想站起来，小黄便用身子当作它的依靠，小白便在小黄的支撑下站了起来，并一颤一颤地向前走去，忽然，小白又倒下了，小黄则耐心地等着……我想起了什么，急忙把身上仅有的一块巧克力分成两半给它们送去。最终，两只小狗慢慢消失在落日的余晖里，这情景刻在了我的脑海里。

我回到家中，眼前又浮现出它们相依相惜的身影。

不能没有你

王成之

037

我曾有过一个好朋友，叫大麦——金毛猎犬。顾名思义，它是一只通体金黄的金毛猎犬，就因为那一身在风中如麦浪般翻腾的长毛，它赢得了这个尊称。

大麦像个小孩子，贪玩好动，活泼可爱，胆却很小。一只小黑狗气势汹汹地叫上两声，就能将比它大得多的大麦吓得屁滚尿流。但我从未想到，在紧要关头，大麦能像勇士一样保卫我，守护我。

一次放学回家，我兴高采烈地走在小路上，哼起了欢快的小曲。阳光普照下，万物熠熠生辉，几阵清风徐来，带走了燥热与烦闷。我想，大麦此时一定在家门口等我，今天见到我是不停地向我摇尾巴还是跑过来舔我的手呢？

正在此时，几只壮硕的大肥狗突然不知从哪儿蹿了出来，眼睛里露出了凶狠的光，嘴里发出低沉的、有力的、险恶的"呜呜"声。我惊叫了一声，下意识地往后退，这可犯了严重的错误，那几只恶狗像是得了鼓励似的，猛地向我冲过来，我转身就跑，几只恶狗发疯追赶我。就在这时我看见了大麦，我像抓住了救命稻草似的高喊道："大麦！"，大麦听到我的呼救，怒吼着扑向那些狗。显然大麦庞大的身躯和高昂的斗志震慑住了恶狗，它们感到恐惧和无奈，一只只后退并灰溜溜地走了。

于是，我化险为夷。此后，那几只狗再不敢冒犯我，见了我总是夹着尾巴低着头小心翼翼地离开。我也不由得对大麦刮目相看了，以前喜欢它可爱的外表和性格，现在又多了一份对它内在品质的喜爱。

我由衷地感到：大麦啊，我不能没有你！

正当我越来越喜爱这个家伙时，不幸却悄然降临。一年夏天，大麦一直闷闷不乐，像是害了病，而我们却没有当一回事，也没有把这放在心上，后来，发现大麦情况越来越不对劲，才企图去补救，但已经迟了。大麦六神无主地在院子里游荡，每一步都小心翼翼，生怕犯了什么错，但即使这样，它还是会冷不丁撞在水泥墙上。原来大麦失明了！对于一只天性好动、无拘无束的狗来说，这是何等痛苦啊！随后，它开始呕吐、绝食进而神志不清……最终，它离开了世界。

后来，我也养过波斯猫和折耳猫，但它们无不是贪吃、好睡、忘恩负义之徒，受了陌生人一点儿诱惑，就离家出走。

随着时光的流逝，大麦身上的那些美好品质以及滑稽的瞬间，像是冬天冰雪消融后露出的岩石，越发的凸显、清晰。

我心底时时会感叹：大麦啊，我不能没有你！

艰难的选择

程笑笑

那一刻，我突然发现，原来选择是这个世界上最为艰难的事情。

"快点儿再快点儿，马上就要迟到了。"大雨中我飞快地骑着自行车，心中不停地默念着，生怕自己就要错过了那场精彩电影的开头。可不知是什么原因，车身突然失去了平衡，在泥泞的路上滑倒了，抬头只看见一个黄乎乎的东西好像向前飞去了。

我顾不得污泥和疼痛爬了起来，走向自行车，急忙将它扶起来，正准备继续骑自行车前进时，猛然发现那黄乎乎的东西竟然是只小狗！

小狗显然伤得不轻，金黄的毛上沾满了黑色的污泥，身上还有红色的血水，小小的身子在泥水中微微地颤抖着，显得那么可怜、无助……

我没有蹬踏板，眼睛盯着这只小狗，是去赶着看电影，还是救这只小狗呢？假如去看电影这只受伤的狗就会死亡，如果救这只狗，那么电影就看不到了；不救狗又对不起我的良心，不去看电影好像就几乎很难有多余的时间去看了。我到底是该舍鱼还是熊掌呢？

简单的选择却是如此艰难啊！

恐怕还是电影对我的吸引力更大一点儿，我在纠结的选择中迈出了第一步：想起电影那激动人心的激烈场面，环环相扣的剧情，我跨上了自行车，准备赶向电影院。

我瞥了一眼那只可怜的小狗，它在泥水里颤抖得更厉害了。我的心又纠结起来了："这只狗是有生命的，如果我仅仅只是为了自己的快乐而让这只狗在痛苦中死去，我的心还会安宁吗？一部电影是可以找机会再看，可是一只狗死去了它就再也没有生活的权利了！"我下了车，支好自行车，走向了那只仍在泥水里无力挣扎的小狗。

"小狗安全了。"宠物医院里的医生欢喜地对我说。

我的心中却像是打翻了五味瓶，有欢喜，有难受，有自责，我不确定我还能不能再看到那部电影，但是我的这次选择是对的。

心中隐隐有个声音在提醒我：

"只要有了爱，选择就不会艰难。"

040

蚂蚁征服了我

江一新

在这个世界上，最能以极小的躯体完成极大的事情的生物莫过于蚂蚁了。

三年级的一天，我去外婆家做客，闲来无事的我偶然间发现了外婆家院子里来来往往的蚂蚁。我一向对蚂蚁很感兴趣，于是便端坐下来仔细地观察起了蚂蚁。

它们似乎正在运输粮食。一只只蚂蚁分工明确，有的在搬运单个的食物，它们似乎像项羽一样力大无比，一下就扛起了比它们自身还大的东西，而且奔跑不歇；有的负责联络侦查，它们不停地穿梭着，一旦发现有价值的食物就会立即返回总部，再依靠自身敏锐感官回到发现的食物旁边；有的则是和其他蚂蚁共同协作，一起搬运一些大个的食物。总之，这形形色色，职务各不相同的蚂蚁在一些特大的如同"监工"的蚂蚁带领下排成一条长龙，蜿蜒着伸向远方，在悄然中搬走它们喜欢的食品。

它们团结、勤劳的精神令我敬佩。

我不知不觉地看它们忙碌很久了，人渐渐有些疲乏，想找点儿新意来玩儿，于是，找来了几只死去的大头苍蝇，堆在了它们行经的路上，然后静静地观察它们。

我以为蚂蚁会团结一心将它们抬走的，可谁知只有几只蚂蚁在附近转悠，其他的蚂蚁却对苍蝇视而不见，像没事一样地走了过去。我大失所望，可没过多久，却发现聚在苍蝇旁的蚂蚁多了起来，并且都是比较大个的。很快，有三只苍蝇就被它们抬了起来，绕过一堆堆的土和石块，翻过一道道小土沟，极其灵活地向它们的总部运去。最后还剩下一只最大的苍蝇，以为它们搬不动就放弃了，因为看不到新增蚂蚁，就凭眼前这几只肯定搬不动。可没过多久，它们似乎就想出了办法，一只偌大的苍蝇被几只小蚂蚁分解成了几份，然后蚂蚁共同抬起一份，淹没在了运输洪流之中。

我观察这搬运食物的蚂蚁洪流还发现，当一个陡坡拦在面前时，蚂蚁通常会前面一只拉，后面一只推，齐心协力，不畏艰难。

看着这一群群忙碌的蚂蚁，我不禁为小精灵的智慧与团结深深震惊。

蚂蚁何等的小，而我与它们相比，又是何等的大，大大的我却被小小的蚂蚁完全征服了。

041

邻　居

景博文

最近，我找了许久，却再也找不到那样的"邻居"了。

我的邻居并不是一个人而是一只鸟。它是在一年前搬来的。它那虽然暗淡却十分光亮的羽毛，大小适中的身材，那长长的尾羽立刻吸引了我。每当它用那清脆动人的声音歌唱来表达自己的快乐时，我便不由自主地伸出头去友好地看着它。而它也会翘起自己的尾巴翩翩起舞与我打招呼。我们在无声的交流中成了好朋友。

记得有一次，大概已是清晨六点过后，可是我那不争气的闹钟却也跟着我一道呼呼大睡，一点儿都不尽责，我已经睡得很沉，为何铃声不高一点儿呢？我在美梦中流连忘返，丝毫没有意识到上学就要迟到了。突然，一声高亮的声音传入了我的耳朵。我一下子惊醒了，穿上衣服拉开窗帘，我的邻居正怒气冲冲地看着我，好像在责怪我没有准时起床跟它打招呼！

还有一次，我正在做着作业，遇到了一只"拦路虎"，试了各种方法，我还是无法绕开它，心情十分烦躁。"这道题好难啊！"我不由喊了出来。可是即使喊了出来也仍然没有将这道题解决。不知又过了多久，窗外忽然传出了一阵美妙的歌声，我转头去看，我的邻居正在窗外的树上跳跃着，好像是在不断鼓励着我，让我振作起来，争取快点儿攻克这道题呢！听着它的歌唱，我的心情变得舒畅起来了，再看这道题目，好像也不那么难了，最终在我的不懈努力下，终于成功打败了拦路虎。

我的这位鸟邻居还真是通人性啊！

可是，天有不测风云，鸟也有旦夕祸福，没想到它的家被毁了。

那天放学回家，突然听到了楼后竟然有"哐当，咔嚓"的声音，便走到楼后：一个施工队竟然把楼房后面的树砍倒了！他们怎么能为了建更多的停车位而破坏我邻居的家？把已经不多的树木又毁掉了，小区逐渐变成了牢笼！

回到家，想起马上就要在这片土地上浇上水泥，成为汽车的栖身地，心中很是难过，我们人类最终只能和毫无生命的物件在一起生活，而让有灵性的动物们远离我们，我不禁默默感叹：我的邻居，我们不知还能不能再相见啊！

043

难忘的风景

焦玺源

她，扎着羊角辫，穿着花裙子，正在翻花绳。莫名想起"光阴如梭"，这才恍然发觉，我们，回不去昨天了。

一条细绳，足以撑起我的童年。单看大雄能用细绳翻转埃菲尔铁塔，便足以说明它的玄妙。常记得当年只要拿着绳子走到另一个女孩儿面前，玩上几个回合，我们便能够成为一对极好的朋友。

思绪在飞速运转，想到了更小的时候。我在很长一段时间都住在乡下，邻里的孩子皆与我打为一片。刮药粉（就是墙缝中的石灰），摘槐花，挖泥巴……当夕阳落下，我们手中永远都是满满的，当然，我的"战利品"也会受到别的孩子的"眼红"，接着扬言一定要当明天的冠军……

现在呢？

我们也许会了如何分析文章，但在看见不守规则的人时却不敢主持公道；我们也许会了如何计算价值，但在遇见乞讨的老人时，吝啬到不愿意给一分钱……也许我们会了更多的技能，但在这个过程中逐渐泯灭了幼时的纯真。谁都知道，谁都没说，谁都给自己戴上了一副面具，也都在这个过程中渐渐忘记了初心。

在明白了这一切之后，再看看女孩儿在的方向，目光也多了几分感慨与沧桑，那女孩儿似是瞧见了我，跳着走来，糯甜的嗓音如黄鹂般婉转："姐姐，你不高兴吗？"我看了看她，索性蹲下来说："姐姐……丢东西了……"女孩儿歪着头看着我，"那我帮你找。"面对她的热心，我无言以对。小女孩儿看了看我，颇是纠结地掏出一颗糖："那么……"她眼睛转了转，似是下定了决心"那么就给你啦！"我笑了笑，想起了以前的我，以前的我也很热心呢。

我从接到那粒糖的一刹那，心融化了。我握紧那粒依稀带着体温的糖果转身离去，我要把那个在翻花绳的热心的小女孩儿画下来，画下我最难忘的风景，记下这美好的瞬间！

执起画笔的那一刹那，清风吹拂，阳光灿烂。

宁静的时刻

孙毅诚

晚上，微风吹拂，乌云在天空中游走，遮住了群星，可月亮却没有被遮挡，她依旧散发着幽冷的光，投在沉睡的大地上。

我离开喧闹的街市，回到宁静的小区。小区里，路上空无一人，月光从树叶的缝隙中透出，映照在路面上，给路面蒙上了一层朦胧。我坐在路牙上，看着身旁那一小块花圃，在这块小小的天地里，有花、有草、有树。那一片小小的自然似乎与周围冰冷的水泥地、高大的楼房、散发着金属寒光的汽车毫无关系。这一片孤独的土地像另一个星球的世界，这不禁让我想起了圣·埃克苏佩里的童话《小王子》。它很小，但却充满生机，正如小王子的B612号行星，那块地上的一棵歪斜的小树，如同一个昏昏欲睡的孩子，站都站不稳了，微风吹拂着它的树叶，像一个个绿色的小巴掌，在风中轻轻地摇摆。树下有一株紫色植物，紫色的树叶像小手似的一个个安详地垂了下来，像一个个安眠了的小娃娃。玫瑰花也闭合了，皎洁的月光洒在它的脸庞上，让人觉得它闭上了眼，已在梦乡中了。

我低头看去，一只甲虫出现在我的视野里。它爬到我的旁边，在月光的怀抱中停了下来，好像坐在了地上，两个触须扭动着，突然，一根小小的树枝从树上落下，刚好落在了甲虫身上。我一惊，忙拨开树枝，甲虫依旧在，它好像全心在望月，任何外物也影响不了它。乌云渐渐散去，天上的星星出来了，一闪一闪，仿佛是一个个困倦了的孩子，眼睛迷离。

我坐在路边，抬头仰望天空，痴痴地想：哪一个是B612号小行星呢？这时，一颗星闪了一下，仿佛回答了我的问题。

这宁静的世界，宁静了我的心。

最宁静的片刻

石长峰

当黎明的第一缕微光攀上金光熠熠的佛塔，尘封已久的舍利子仿佛被镀上了一层光晕，佛像泥塑的笑容宁静且安详，岁月流过他的嘴角，被凝固了般，似乎未曾远离寸步。

清迈，此刻美好得令人向往。

时光流转，夜幕开始逐渐笼罩这片土地，清晨的宁静，早已无影无踪。在这四通八达的都市中，我却不知走向何处，看着这灯红酒绿，我头晕目眩，只好急急回到熟悉的旅店。

然而，没有规则约束的清迈，俨然一片钢筋水泥筑成的都市丛林。那些不知名姓的两轮钢铁野兽，肆意地咆哮着，嘶吼着，带起一路尘埃，将凛冽的风，狠狠地拍打在我的脸上。只留下在由近而远的加速声中一脸茫然的我。无情的汽车车灯，刺痛了我的眼，我如一座雕像般，伫立于霓虹灯下，望着行人来往匆匆，纵使心急如焚，却也无可奈何。

　　突兀地，一辆银白色的车，在我面前驻足。车窗慢慢地摇下，他缓缓地探出头来，上上下下把我打量了一遍，那带有温度的目光使我心中一颤。那个陌生人亲切地比画了一个手势，意思是让我先过去，那喧闹嘈杂的世界，仿佛瞬间按下了暂停键，万籁俱寂。我愣住了，对这突如其来的友好显得不知所措。那橙黄的灯光，此刻好像格外的柔和，直直地照进我的心里。我慢慢地、小心翼翼地走过这灯光，走过这陌生的友好，似乎不愿惊动了这易碎的片刻。

　　当我走到路边时，再回望那车，才缓缓开动。我的大脑一片空白，只得感激地注视着那辆车渐行渐远，消失在那茫茫的尽头……

　　清迈，我默默地念叨着这陌生而友好的地名。

那一刻，我的世界春暖花开

陆彦宏

　　前不久，我参加了一个挑战，结果失败了。

　　为了安抚挑战失败而伤心难过的我，妈妈给我讲了一个真实的故事——

　　妈妈上学时班上有一个贫穷的女孩儿，她穿着旧背心和短裤，都是拣的哥哥剩下的。有一次，学校为他们举办入队仪式，每个同学都要自己出钱购买一条红领巾，可她没有钱，最后只好上交了一条旧的红领巾。当仪式开始时，每个小朋友都戴上了崭新的红领巾，只有她戴了一条褪色且皱巴巴的红领巾，但她和大家一样笑容灿烂，满脸春风。

直到初中毕业，每个同学都上了高中，只有她一个人为了让家里过得好一些，而去上了职业高中，其实她的成绩在班里一直很棒，完全可以上重点高中。

多少年之后，同学聚会，她也来了，大家握着她那粗糙得像刷板的手，听她说着家中的情况，她的丈夫因为出了一场车祸，而导致从此干不得重活；儿子又因为生病，休学在家，需要高蛋白食品和静养。自己为了一家的生活，每天奔波几处地方打零工……

妈妈跟我描述她当时的样子，因为生活的压力挤尽了她最后一丝丝的黑发，脸上布满了岁月留下的皱纹，她跟别的同学相比，完全看不出是相同的年龄。身上穿着沾满了水泥和油漆的衣服，还散发出工地上的灰尘味，和穿着精致考究的同学比，简直有天壤之别。

唯独她那双眼睛，不管生活多么的艰苦，始终亮晶晶的十分有精神。她笑着说："不管生活有多么艰苦，我始终是幸福的。因为我有一个完整的家，我有健康的身体，我有美丽的心灵。即使吃再多的苦，我也愿意。"周围的同学都感动得热泪盈眶……

听了这个故事，我明白了：挑战失败没有关系，只要努力了，拼尽全力了；更何况活动的真正目的重在大家的参与。我要向妈妈的那个同学学习，以积极乐观的态度面对生活，面对每一天。

在听完故事的那一刻，我的世界春暖花开。

九寨沟，梦遗落的地方

徐百合

有时候，蓝，是一种梦幻的颜色。

九寨沟的水，是梦中清澈的蓝。想必上天在缔造她的时候，独特地在其中掺入了一份神秘的汁液，与秀山秀水反应后，才生成了朦胧的蓝。即使是浮躁的人来到九寨沟，也会顿生肃穆之情。

一树千碧，千树不同

一树千碧，千树不同。很难想象这些树覆盖的山会是什么样子。在人的想象力尚未达到这种程度之前，镜海却更近了一步。不缺一片树叶的光泽，不少一片泥土的适度，不漏一丝云朵的舒展，不落下一点儿鸟儿羽毛上的鳞屑，整座碧山连同头顶上的云烟全被完完整整地倒映在了镜海的怀抱之中。

灵魂涤净，只剩感动

身处江南，见的水应当不少，但美得这样真诚的水我却是头一次遇上。她纯净得不含任何杂质，从水面往下望一眼，就可能窥见那颗清澈的禅心。望着她，灵魂被荡涤得干干净净；望着她，心灵被净化得只剩下感动，仿佛在不知不觉中实现了儿时抓住天使羽翼飞向天国的梦想。我忍不住为她流泪。人世太繁芜，太嘈杂，有太多的尔虞我诈，这清洁的水却将她的心事坦荡荡地给人看，为固守她单纯美好的信仰而存在，不为别的一切。这样纯净的水，怎么不值得世人虔诚地膜拜呢？

纯净海子，春天的心

纯净的海子并不是单调的纯蓝，也有五彩缤纷的色彩。像是在海子中开了大大小小的染坊一般，就像一块素布被同时染上了多种绚烂的颜色：鹅黄、桃绿、孔雀蓝、柳绿、银灰……让人心中喜不自胜。九寨沟是有血有肉的，海子是她清澈透明的灵魂，原始森林是她细腻的皮肤，浮云是她手心的气息……这样的一种生命，也给了别的生命一种延续的力量。原始森林中倒下的枯木，经过海子上千年的滋养，在腐朽的躯体上长出了新的植株，又有了新的枝丫。枯木逢春，海子中横躺的树木遇上了九寨沟春天一样的心。

日日埋葬在烟尘和喧嚣下的心，在这一片人间的净土上找到了自己的思维和声音，但我们终究只是这里的匆匆过客……

我的梦，被遗落在了九寨沟的边缘。

心灵的脚步

陈艺沛

放慢心灵的脚步，春天，体味花香；夏天，品茗荷塘；秋天，欣赏硕果；冬天，观望白雪。人生，需要放慢心灵的脚步驻足观赏路边的美景，在心灵上烙下印迹。

我的思绪不禁飘回了那潺潺水中。

今年暑假，与父母去湖北神农架游玩。一路上，映入眼帘的是满眼的绿树，高大挺拔，遒劲沧桑，仿佛千年的老者。偶尔几只松鼠跳过，头顶的蓝天如孩子手中油画棒那么纯。隐隐约约还有水声，像在诉说着什么。

我迫不及待地想找到水，便向前走。走了一段，我看到了一些小溪流。那么的清澈，那么的纯净。再往里走，水逐渐多了起来，但一如既往地纯净，坦坦荡荡，清白如一位君子。又走了一段路，"哗哗"水声逐渐清晰，水在以一种乐观的心态，欢快地奉献着自己绝美的年华。我走走停停，直到，直到看见了那瀑布。多么壮观的美景，水轰轰向下冲着，锐不可当，如一支军队，不管前方等待它们的是什么，为了使命，都会毫无畏惧地一直向前冲。急速的力量造出了飞溅的水花，如天女的项链，一不小心弄断了线，珍珠颗颗散落。远望瀑布，一泻而下，浑然天成。我多么想和它再拉近一些距离！我顺着石头向前走，直到源头。多么勇敢的水！因为它的勇气与责任，才有了那种金飞玉溅的晶莹，才有了那种一泻而下的气势，更有了那种动人心魄的壮观！水懂得取舍，为了正义、唯美的事业，不惜生命，纵使只有一刻的展现，只有一刻的绽放，也努力做好，心甘情愿。在这片山水依傍的世界里，我放慢了心灵的脚步，使心灵在此刻受到涤荡，脚步在此受到历练。

在心灵的脚步中，我踏过了水的清澈坦荡，踏过了水的乐观，踏过了水的绝美年华中的奉献，踏过了水的勇敢与包容的胸怀，踏过了水的取舍与生死。

在我心灵的脚步中，这些将会烙上深刻的印迹，永远净化我，涤荡我，升华我！

052

人生画卷

吴屹峰

我试着探寻外公的性格——

你，如一幅画，清淡的色彩，具有水墨般的神韵；

我，轻轻展开画卷，细细品味。

缕缕韵墨

慢慢啜一口茶，轻轻抿下，茶的清香滑过喉咙，滋润心田。

画，慢慢展开，似轻似柔；

我轻轻抚摸，慢慢欣赏，细细品味；

画面前端，几缕淡墨，如朝阳，似实似虚，似绵似雾，画面慢慢延伸；

画面中央，笔墨浓厚，如正午，烈焰似火，一片辉煌，满纸灿烂；

画面向前延续，晴空万里，蓝天碧云，清风吹拂，世界宁静。

我欣赏着这淡雅的画面，想象着画的意境，沉浸在美妙之中。

画如外公，外公如画！

轻 轻 柔 水

展开的画面，令人喜欢。

我开始细心观赏——

几处溪水潺潺，流水柔柔，温情脉脉，时不时激起几朵浪花，欢快向前；

溪水两旁，绿树成荫，似乎听见小鸟的悦鸣，没有嘈杂，只有寂静一片；

循着溪水向前慢慢观赏——

有小山，也有沟壑；有清风，也有花香；

近处，是鲜花烂漫；远方，是白云朵朵；

画意如外公，外公心境亦如画。

淡 淡 幽 月

画的右上方，有一轮明月——

月面，朦胧；月光，清幽；

月下，似乎看见一位老者在垂钓；

月下，似乎听见一位老者在诵读；

月下，似乎闻到一阵奇花异香味。

外公，是你吗？

我想肯定是你，因为只有你愿意这样——

喜欢清静，

追寻高雅，

懂得修身！

一幅画，一个人；

你是画，画是你；

我的外公。

054

似血残阳

徐云婷

　　黄昏呢？黄昏永远不只存在人们的心里，只一掠，走了，像个春宵的轻梦。

——题记

迷茫的黄昏，只有我独自面对残阳。

瘦弱苍老的藤条，在苟延残喘地叹息着，夕阳印染的枝干益发显得清冷孤独，淡然的烟在空中独自弥漫着，这些许的生机带来的究竟是希望还是绝望？

　　树梢上涂抹的淡淡一层光晕，血一般的鲜红。乱飞的乌鸦也不忍看这令人心痛的景象，唯有披着暮色在空中悲鸣，更增加了一份苍凉。

　　残梦一般的黄昏啊，你拥有那沥血般鲜红的落日，更有着美人垂暮时眼中透出的哀伤，再过得片刻，简直要燃烧起来，美到让人受伤的地步。

　　布满灰尘的桥墩旁，淙淙的流水在此刻仿佛也减缓了速度，似乎不忍弃这落日而去，却又不得不匆匆流逝。它在落泪吗？有谁可以明白呢？

　　夕阳却不为所动，默默地梳理着自己的每一缕愁思，感染着周遭的一切。伴我一生的老马此刻也沉默不语，昏暗的目光中只剩一缕落日在缓缓下沉，眼角似有点点泪光溢出。怎么，你也怀念起自己的青春岁月了吗，老朋友？

　　空旷的道路上，秋风掠过，带走了心中仅存的温暖。面对萧瑟的寒风，真想握一把苍凉给你。不知你是否可以感到指尖的冰凉与不舍？斑驳的风景，你又将何去何从？

　　曾经的落日带给我多少欢乐？何以今日的你如此吝啬？你为什么还是不懂我想要的温暖？请别让我承认，快乐最后会粉碎。请用你的掌心温暖我，好吗？我知道你想过，我要的并不多，给我点儿关怀好吗？只要一分钟。

　　不要弃我而去，请带我一起走。

　　——夕阳垂着眼眸，仿佛没有听见我的问话。

有你陪伴真好

任再言

　　自然中的一物一景，有时给人愉悦，有时亦能引人思考。我家院子里的一棵树就一直默默陪伴我、影响着我……

　　金色的晨光透过云朵，温和地照射着沉浸于梦乡的大地。我轻轻推开小院的栅栏门，院角处有一棵普通的树，它的枝叶上仍残留着未散去的露珠，在阳光的照耀下亮晶晶的，活像一棵仙树。我摘下一片嫩叶托在手上，那深绿的叶脉与我的掌纹似乎很相似。有人说人的命运如何，看"手相"便知。我想，树亦如此，看这叶子的茎脉深而长，像河流一样，想必这树的生命也会旺盛、不息。

　　晨曦中，我闻了闻树叶，随着新鲜空气被吸入的，还有一股生命的活力。

　　午后，灼热的风席卷城市，大地仿佛要被熔化。我走进院子，浑身被汗珠包围，正苦于没有扇子扇风，低着头向前行进，忽然感到似有一把大伞架在我头顶上方。我睁开酸痛的眼睛，原来是院中的那棵树，我感到它从未有过的高大与神圣。它正展开身子，将我迎入它的影中。炎热是如此无情，干燥的树皮已被晒得枯黄，阳光正残忍地将树皮生生扯落，树的皮肤在一点点被摧毁；太阳炙烤着树叶，树叶枯黄，卷曲，一片片飘落……我知道，树在忍受着痛苦的煎熬，但它仍尽着最大的努力与责任，给我提供阴凉。

炎热中，我与树紧紧地相依着，与我相依的，还有这棵树的无私与坚强。

天空逐渐暗淡，夜慢慢降临了。我独自一人十分寂寞，来到院中纳凉。远处街道的喧嚣声阵阵传来，广场上五颜六色的灯光闪烁着，还有大妈们跳舞的欢乐声，可那热闹的场面对于我而言，和幻觉没有两样。小院中除了幽幽的虫鸣，别无它响；院中的树正沐浴着皎洁的月光，在治疗白天的伤痕；树静静地立在院角，也许在发呆，也许在思考，它明白：被栽在这宁静的院里，就注定只能结出寂寞的果实。

黑夜里，我与树无声中交流的，不仅是隐藏于心中的苦闷，更多的是对人生的思考，宁静是一种大美。

在这棵树的陪伴下，我获得的是生命的活力，是坚强与无私，是对人生的思考。

谢谢你！有你陪伴真好！

057

那一刻，我长大了

张苏文

在十字路口，我将一枚硬币抛起，企图用它来决定我人生的方向。

站在雨淋不到的角落，深沉地望着远方，一眼望不到头的路，渲染着怎样的凄凉，一阵风拂过，心从黑暗中惊醒，望望窗外世俗的离殇，昨日的记忆犹在眼前明晃，泪光滑过路边的彷徨。

"你长大了，还不懂事？要知道学习是你的本分！"爸爸的话如雨点打在我的周身，如重磅炸弹砸在我的心上。我只能满含泪水，如雨而下，满身的疼痛，裹如藤蔓，我转身跑出了家门，任雨淋在我的头发上，身上，心里。雨越下越大，我紧紧衣服，双眼依旧在人群中寻找，寻找那令我心安的宽大身影。

忽然，不知从何时起，我心底升起一种希望，像温泉一样喷涌，溢满了我空寂的心田，轻轻抚慰着我的心灵。尽管我的目光一次次地闪亮送出，又一次次地失望收回，而正是在这种希望与失望的跌宕心情中，让我品出了思之苦，望之切。

终于，一把黑伞切断雨幕，爸爸为我撑起了躲避雨水的伞，走在回家的路上，无言的沉默。洗漱过后，书桌上正放着两粒药丸及一杯热气腾腾的茶，或许是路上伞大半倾向了我，或许是父亲湿透的衣服，抑或是此时温情的一幕，情思愁绪氤氲凉薄，化作雨，滴下，由点及面，一圈圈蔓延，放大，继而掀起一场如潮风波，那炽热的泪灼伤了我的眸子，眼中迷蒙一片，那一刻，我长大了。

我明白了，父爱是无言的，但却是伟大的。

路在脚下，心在前方。此时，我长大了。

058

弯　路

潘　阳

像往常一样，我从校园出来，满天雪花包裹着对天空的眷恋无声落下。"多美啊！"我搓着手，望着远处驶来的雪的班车。

我摸了摸口袋，发现没有带手机，却也没有放在心上，上了公交车，天渐渐暗了下来，雪晶莹地落在窗户上，化作灵动的水珠，我沉浸其中，直至回过神来，发现已经过了家门的站点。

我的背上渗出汗珠，因为下一站已经到了城郊，前方到站了，我赶紧跳下车，避免离家更远。

雪越下越大，在昏黄的灯下，雪片张牙舞爪，天空像巨大的口，似乎想吞噬一切，路上没有车，没有人，我开始飞奔，雪打在脸上，冷风如刀割着耳朵，渐渐地，我跑不动了，慢慢走着，任由汗水浸湿衣衫。

父母一定比我急切吧，我想着，但衣服重得压得我喘不过气来，雪与风混杂着钻入我的脖颈，脚下湿滑的路面使我寸步难行。

远处风雪中，橙黄色灯光映着隐约的白墙，那是家的方向，身边的座座小楼上，欢声笑语与烹饪的白色烟气一起飞入窗外的寒夜中，给了我迫切回家的希望。

我尽量不去想那路，那风，只想着父母的期待，于是，石墩，公园，树，桥，一点点近了，直听到汽车与行人的喧闹，看到了白墙的面貌，我知道我已经到家门口了。

父亲正站在门口，焦急地张望，雪化为水沾湿了他的头发，他不时张望学校的方向，当看见狼狈不堪的我出现在他的面前，却欲言又止。

到家中打开手机，我怔住了，三十六条未接电话！它就在那里，亮闪闪的，在夜中，彰示着父母的爱。

没错，我走了弯路，但我见到了"动人的风景"，让我明白了父母的爱，也明白了如何对得起这份爱，这是动力！

弯路树人，爱满心间。

那些微感动

李 萍

倘徉于书海中，心灵便被牵动，那些微微的感动便是我精神的慰藉。

诗词中的傲骨

060

清晨的阳光斜散入屋间一隅。静静坐在板凳上，呷一口清茶，执一卷诗词，吟着"千磨万击还坚劲，任尔东西南北风"。抬头凝眸，心中陡然出现一株饱经风霜的翠竹，它的根须深深地扎入岩石的缝中。狂风怒吼着，它笔直的身躯被压弯；暴雨也来助威，豆大的雨珠击打着它的身躯。狂风卷集着暴雨，想将这微小的生命抹去。但这竹并不屈服。

天地之间，这竹拉开了一场没有硝烟的战争，它以倔强的身躯铸就了一身傲骨，以动人的气魄造就了一番神话。想到此处，意犹未尽，心中泛起了微微的感动，它的傲骨使我折服！

小说中的奋斗

橘色的天空下，蔚蓝的海击撞出雪白的浪花。海风袭来，我的思绪便飘到一座亘古不变的荒岛上。循着海滩上的脚印望去，一位黝黑但身强力壮的勇士，头戴一顶兔皮帽，身穿马甲，系着羊皮短裙，脚上穿着自制的鞋子，身上背着斑驳的两支枪，脸上浓密的胡须遮不住他坚定的眼神。他凝神注视着大海，他坚信只要奋斗就能战胜困难。

他克服着极端的天气，受着痛苦的折磨，承受着辛苦的劳作，他并没有放弃，他一直奋斗着！看，那建造的树林之屋，便是他奋斗的结晶。他凭一己之力，扭转乾坤。以自己不懈的奋斗，征服这片荒芜之地。想到此处，我心生波澜，被他顽强拼搏，艰苦奋斗的精神深深感动了。

散文中的自强

我闻到一股幽香，向窗外探出头：一条紫色的瀑布赫然出现在我眼前，那便是紫藤萝，细小的花朵簇在一起，就如作者所写，它是一条生命的长河，缓缓地流向远方。作者忍受着"文革"的迫害，失去亲人的痛苦。但命运并没有挫败她，她以积极的态度面对当时的逆境，生命不止自强不息，似乎是她精神的写照。她轻抚紫色花朵，我的心也微微摇动，被她的自强的精神所感动。

畅游书海，使我的心微微感动，充实了我那幼稚的心灵，形成一个坚强的自我。

我与《读者》的故事

刘婧文

《读者》，一本杂志，一个朋友，一扇通往光明的窗扉。

记得我与她的初遇，却是一个偶然。那是个细雨微凉的初夏。期末考试的成绩让我虽处夏日却如入寒窖，那么多个夜晚的艰辛，那么多次入梦时心头所谓的骄傲，在那张单薄惨白的纸前，都不值一提。那上面血红的字迹，很快便在我湿润的眼眶中模糊而又丑陋了。一个人走出学校的大门，强忍着悲恸和委屈，却已让本就贫瘠的心里更加荒芜。明天便是暑假，但我却只感到暴风雨来临前的黑暗。

我垂着脑袋颓丧地走过街角，眼光下意识地往书报亭一瞥，一抹鲜艳的色泽让我停下了脚步。不是成绩单上的那种刺眼的血红，而是一种燃放着生命的火红，是那种我本期盼的光辉。三步并作两步，我跑上前去，付了钱将那抹光亮紧紧握在手中。

在街头的椅子上，我仔细地端详着那画面，一如我的内心，那贫瘠的土壤和沙丘寸草不生，是那样的荒凉，在远方的土地上，还有一条水平纵横的裂痕，凄凉的枯树颓然地倾倒在没有生命力的沙地里，美得那样令人心碎。那殷红的一片犹如涓涓细流，却燃放着我从未触碰过的那种倔强和坚定，那是大漠深处亘古不变的那种喧嚣，是关于重生最远古的祈祷，一种枯哀，一种激烈，是那样水火不容，却又是那样的相互融汇，右下角的那匹白驹，似乎是转瞬而逝的时间。

我微微抬起头，眼角似乎有什么止息了，心头的血液在激荡澎湃，那些原本让我心头微微生痛的分数、名次，乃至于他人的无视或是耻笑，在那一刹那，似乎没有那么重要了。我又重新打开书，却在读完引言之后，心头再一次被触动："有些你所不喜欢的事物，只是因为你的过分看重，而疯狂地张扬了其本身的价值，直到它成了你的负担。"我细细咀嚼着这句话，似乎的确是这样，那些所谓的未来筹码，比起失去真实的自我所付出的代价，究竟孰轻孰重？

几乎是不由自主，我细细翻读完了我所拥有的第一本《读者》，我只是轻轻地抬头，却看见了夜晚天空中零点的辰星，似乎为我的迷茫，点明了一条狭窄的小路。有些人、有些事，云淡风轻地飘出我的视野，却有一位特殊的朋友，用一把小小的钥匙，替我打开了更为广阔的世界。

那位向导叫《读者》。

如今，我已经习惯了每月有《读者》陪伴的生活，我不愿意冷落这位好朋友，因为我与她的故事，还会有很多的续集，我一直会记得那个初夏的晚上，因为一条生活的小岔路而与它相遇的美好。

为语文点赞

徐天懿

罗丹说："生活中不是没有美，而是缺少发现美的眼晴。"

——题记

手捧油墨飘香的书本，心随四季跳动的旋律，一天又一天，我渐渐地长大了，也逐渐感受到了语文的美丽！我要大声地赞美语文，为语文点赞。

为语文点赞，因为她让我读到了春天的朝气蓬勃。清晨，我吟诵"竹外桃花三两枝，春江水暖鸭先知"，我感受到春水的温暖；从"随风潜入夜，润物细无声"中，我感受到春雨的珍贵和无私；午后，闲坐窗台前，轻轻诵读朱自清的散文，单看那《春》就已经令人陶醉了，"山朗润起来了，水涨起来了，太阳的脸红起来了⋯⋯"文中的美词佳句无不让我体会到春天无穷的力量和魅力。

为语文点赞，因为她让我读到了夏天的旺盛激情。从"小荷才露尖尖角，早有蜻蜓立上头"中，我闻到了荷香，看到了生命的张扬和活力。辛弃疾的一句名句"稻花香里说丰年，听取蛙声一片"，更展现了丰收季节人们的喜悦之情。在梁衡的《夏》中，看到了"收获之已有而希望还未尽"的伟大的迸发力，孕育着承前启后的生命交替运动的律动。

为语文点赞，因为她让我读到了秋天的沉静深情。吟唱"剪不断，理还乱，是离愁，别是一般滋味在心头"，我好似看到南唐后主李煜的惆怅与无奈。读着"落霞与孤鹜齐飞，秋水共长天一色"，我分明听到王勃"无路请缨"的感慨。徐志摩在《私语》中说"秋雨在一流清冷的秋水池，一颗憔悴的秋柳里"，让诗人于池畔独步，轻尝那份孤独与哀伤。

为语文点赞，因为她让我读到了冬天的傲骨凌寒。"宝剑锋从磨砺出，梅花香自苦寒来""遥知不是雪，为有暗香来"，多美的梅花啊，不与百花争春，凌寒默默开放，那份执着，那份坚强，怎不叫人敬佩？再看保尔，那是我们熟悉的人，他经过血与火的洗礼，成了一名平凡而伟大的英雄。海伦·凯勒，她是位成功的女性，但在成功的背后，她又付出了多少常人无法想象的汗水，她将激励我战胜一个个困难。贝多芬、霍金、史铁生、张海迪等谁不都遭受了肉体和精神的折磨，但他们战胜了自己，成就了辉煌。

在语文的陪伴下，渐渐长大的我也慢慢地读懂了语文的味道。感谢语文，陪伴我走过四季，陪伴我读懂人生，在成长的道路上，我要大声地赞美语文，为我心中的语文点赞。

老爸的天文望远镜

刘 倩

065

在放学的路上，我一边踢着石子一边想着该怎样向老爸要一台天文望远镜，可一想起昨天和老爸说时他的表情便想打退堂鼓。

不知不觉已经到了楼下，楼下停着一辆快递送货车。车厢里还有一个被黑布包得好好的纸箱，在好奇心的驱使下，我停住了脚步想揭开黑布一看究竟。

当我小心地揭开黑布一角时顿时惊住了，那上面赫然写着五个大字——天文望远镜。我的心里升起一串喜悦的火苗，难道是老爸买给我的？但一想到他那冷冷的眼神这串火苗便被一盆大水给熄灭了。不久搬运工来了，他抱起纸箱走进了我家，我怀着想解开这个谜题的心情跟着他走进了我家，当看到老爸在收单上写下他的大名时我便立即迫不及待地打开了纸箱，是一台星特朗70400的望远镜，巨大的喜悦冲昏了我的头脑，正想摸一摸，结果却被老爸打掉了我的手，他狠狠地瞪了我一眼说道："小孩子家家，快写作业去。"说完便把纸箱抱到了他的房间里。我当然不甘心，便偷偷趴在房门外偷看，只见老爸抱着那望远镜摸个不停。我心里生起一个疑惑：老爸什么时候对天文这么感兴趣了！因为怕他会骂我就没多问。

晚上十一点半左右，我被老爸硬生生地从被窝里连拖带拽地拉了出来，他把天文望远镜摆到我面前说："看。"我迷迷糊糊地向上望去，天哪！实在是太美了。天上的星星密密麻麻，红的、黄的、紫的、金的……在黑色的天幕上就像一颗颗的玛瑙，近得仿佛一伸手便可以摘下几颗，可以用线串起来挂在脖子上做项链。那银河好像一条精美的缎子将黑色的密发整个束起来。

我被震撼了！身旁的爸爸清了清嗓子说道："你现在书读得比我都要多，如果我再不努力，岂不是连你个黄毛丫头都不如？"听了这话我不禁感叹万分，身为学生的我天天抱怨学得多、作业多，而三十岁的老爸居然还在学习，我突然感到很惭愧。

这便是我们家的新鲜事——老爸为了和我共同进步，买了一台天文望远镜。

从未走远

　　在风儿的吹拂中，那朵小小的月季花抖动着泛黄的瓣儿，依旧坚强地挺立在枝头，在天地之间留下了它最后的也是最美的笑容，只为证明在这世界上小小的一角，曾经有一朵花存在过、绽放过、微笑过……

奖　状

金　泳

　　它们自豪地紧贴在深蓝色的墙纸上，即使落上了灰尘，也依旧那样夺目，依旧那样自豪，当然，最终依旧逃脱不了变成废纸的命运。

　　"等这个教室充满了新的面庞的时候，你们就得在垃圾堆里啦！"我轻轻地对这些陪伴了我们一个学期的奖状说，我端详着它们就像审视着小学五年级的整个回忆录。

　　它，鲜红的面庞，隶体大字"奖状"，鲜亮的"第四名"，我一眼便能认出是我们在运动会上夺得的，它仿佛正诉说着那个时候，操场上人山人海，呐喊声不绝于耳。我清楚地记得我们拼命在写有"五（3）班"的塑料板上写上诸如"必胜""冠军"的字眼，再疯狂地喊着加油。所有人的心都随着运动员的一举一动紧张地跳动着，要追到了！追到了！我们是第一名！那种欢乐又何以言表！而一场比赛的失误却又令我们沮丧至极，原本稳稳在前的她被撞了一下，我们成了倒数第一！哀怨、沮丧……我们是那样团结。

　　它，同样的身影，却展现着不同的场面：我们穿着整齐的校服，在阳光下，做着整齐的广播操，没有半点儿马虎。我们是那样默契。

　　它，还是那副老样子，却是我记忆中最难忘的一张。艺术节的气息似乎还没有淡去，那动人的情景至今仍历历在目：大雨中，歌声中，她晕倒了，同学们抬起她冒雨冲向医务室，那个雨天，成了最温暖的一天。我们都明白，名次已经不重要了，重要的是，我们的心已经紧紧在一起。

……

奖状，你会成为过去，会成为废纸，但记忆永远不会变，你们都会成为我记忆中的珍宝，永远珍藏在我的心里！

床头的那根拐杖

施　惠

她老了，真的老了，已不具有那种活力。

阳光从窗口斜射入房屋，洒在她的身上，她只能躺在床上，盖着厚重的被子。阳光落在她的头发上，是那么刺眼。干枯瘦黄的手嵌刻着一条条深浅不同的皱纹，那手颤抖着在床头摸来摸去，终于抓住了一根拐杖，一根一直斜靠在床边的拐杖。

她有孝顺的儿子和女儿、大儿子有空回来就买一大堆礼品，二儿子不住地往家寄钱，小儿子照顾她的一日三餐。但他们很少有时间和她聊一会儿天，说一会儿话，她很寂寞。

从前，她一人操持家务，下午的她，便拄着拐杖一人来到街上找认识的人说说话，然后再拄着拐杖走回去。可她的儿子却叫她不要乱跑。

可是，近来，她渐渐累了，渐渐走不动了，天天只能看着拐杖，原先她还能走出屋子，现在却只能躺在床上，让透过玻璃的太阳光照射进来，洒落在她的身上、被子上。太阳光很暖、很暖，她的脸却很静很静，看不到她内心的一丝涟漪。

那跟拐杖一直靠在床头，在阳光的照射下，很耀眼；这根拐杖很古了，上面的花纹也磨平了；这根拐杖她很宝贝，曾经听她说过，是她的小儿子用参加工作后第一个月工资给她买的。

她就是我的老婆婆，我奶奶的妈妈，我三个舅公的妈妈。

她的目光久久地盯着拐杖，那情景也久久地定格在我心中。

那亲切的声音

尹　约

病　中

那天，我生病了。全身软绵绵的，使不上力，独自躺在床上，家里很安静，我渐渐睡着了。

刚迷迷糊糊地醒来，就接到了老爸关切的电话："好点儿没，喉咙还疼吗，饿不饿，吃药没……"听到爸爸的声音，一股暖流遍布全身，躺在床上看着天花板，发着呆，不知不觉又进入了梦乡……

丁零零，一阵急促的电话铃声，把我惊醒了，我很不开心地说："谁啊？""是爸爸。"

"刚睡着就被你吵醒了。"

"好好好，那你接着睡。"老爸没再说什么。

放下话筒，突然觉得自己不懂事了：老爸是关心我才打电话来的，我刚才却那么说……后来，我没有再睡，只是盯着电话，希望它能再次响起。

良久，它真的响了。

"睡醒了吗？"老爸小心翼翼地问。"嗯，睡得很好。"我流露出一丝微笑。

迟　　到

"尹约，都六点十分了你还不起床！"老妈几乎是撞开门，对我喊道。

我翻了个身，用被子捂住脸，完全无视她。突然，我睁大了眼睛：六点十分！完了，又要迟到了。踢开被子，手忙脚乱地穿上衣服，也顾不得那一半在内、一半在外的衣领，就往卫生间跑。都说刷牙要三分钟，可我总共才用了三十秒。冲到厨房，狼吞虎咽地吃完早饭，拽起书包就要往外跑。

"等一下。"老妈叫住我，快步走到我跟前，将胸卡挂在我脖子上，翻好那歪扭着的衣领，"路上小心点儿。别急，还有时间的。"

"嗯！"我感激地看着妈妈，奔出了家门。

散　　步

那天下午，我跟妈妈一起去散步，她非要我走里面。

"为什么？"我不解地望着她。

"因为如果有车撞过来，我可以挡一下，然后推你出去。"她的眼神中多了一份坚决，一份只属于母亲的坚决。

妈妈的话触到了我心里最柔软的地方，我嘴上却说："怎么可能，不会有那种事发生的。"

妈妈不再说什么，只是面带微笑地拉着我，牵着我的手，慢慢向前走去。

离别的眼泪

唐嘉远

每个人都会经历离别，就像每个人都经历过相逢一般。

人类，历史上的沧桑变迁，造成了这种离别的必然性。

明知必然经历离别，可是在离别的时候，眼眶里总有一种液体夺眶而出。

离　别

我即将告别故乡，告别那生养我、陪伴我生命中最初十二年的故乡。

爷爷从田间挑了几大篮蔬菜，装在四个蛇皮袋中，鼓鼓囊囊的，他小心翼翼地将其放进汽车的后备厢中，还不忘嘱咐我："多吃点儿啊，照顾好自己"；奶奶将我的生活用具装进一个大的旅行箱中，也是很小心地放在车的后座上；太公则坐在门前那张老式的藤椅上，静静地看着我……

这里是一座人迹罕至的大山，大山的后面就是我最亲切的故乡。

我深深地望了一眼朴实的黄土地，带着一种不舍的情感轻轻关上车门。透过车窗，我看见爷爷、奶奶正站在那座小砖屋前，挥手目送我远去。

车子缓缓地行驶，小砖屋以及挥手的身影越来越渺小。车子无情地打了个弯，那座小屋、那三个人，彻底消失在我的视线中。

我的眼前一片模糊……

死　别

这是我最后一次见到太公。

凌晨三点，熟睡中的我被一阵急促的电话铃声吵醒，电话那头传来奶奶焦急的声音。

我知道这一天终是来了，太公将要离我而去了。

当我们赶回家时，太公已在弥留之际，他费力地喘着气，蜷缩着身体，迷离的眼神定定地看着窗外。我知道，他是期待着曙光。

那个教我讲话、教我识字、教我算术的太公，你依然向往着光明！

清晨六点，红日初升的时刻，太公带着一丝微笑永远地闭上了眼睛。

虽然早就知道你的时日所剩不多，虽然早就做好了心理准备。但是，太公，你的离别，还是使我心如刀绞。

我的眼前一片模糊……

魂　别

家乡改造，老家的房子要被拆了。

爷爷将墙上太公的遗像取下，无奈地叹息着。奶奶坐在那张她睡了大半辈子的床边，低着头，好像在思考着什么。

望着那承载着我生命中最初十二年记忆的老屋，我的心里也十分感慨。

无情的挖掘机开过来了，我不自觉地闭上眼睛。随着"哐当"一声，我的童年破碎了。"没有家了、没有家了。"爷爷嘟囔着。

我睁开眼睛，我的眼前是一片断垣残壁，这是哪里？这还是我的家吗？

我的眼前一片模糊。

无论是离别、死别，还是魂别，总带给我一阵怅然，让我眼前一片模糊……

借我一双慧眼

赵文钰

每天放学回家，天大都已黑了。我背着沉重的书包沿着小路快速向家跑去，继续着两点一线的生活，空乏而无趣。

期中考试即将到来，每晚都是难熬之夜。我带着如千斤重的卷子，拖着如千斤重的脚步向家挪动。小径转弯处，我如往常一样钻进竹林里。猛然抬头，却看见皎洁的月亮正将月光均和地洒在竹叶上，祥和而宁静。我的心，悄悄平静了些许。

　　我不禁停下了脚步，开始重新打量这个我走过两千多天的小径。斜长着的密竹上挂着好些半枯的叶子，却在不知不觉中长得已有我两倍高。竹林不说话，只是在洁净的月光下沉默着，像一个严肃的思考者，偶尔发出窃窃的沙沙声，好像声音再大一点儿，便亵渎了那醉人的夜晚。

　　虽已至深秋，但当我蹲下身来，借着月光仍可以看见许多藏在竹下的小野花，悄悄地绽放着，和着清幽的竹香，染透了幕布一般的天空。竹林旁边小小的拱桥下，静静地淌着泛银光的水流，带着漂浮着的落叶和水底的小鱼小虾，不知要去往哪儿等待下一个春天。我捧起一汪带着少许泥沙的水，看着月光从指缝间调皮地溜走。想紧紧地盛住，但无论我怎样努力仍然挽留不住，只剩指尖残存的凉意。

075

　　月，夜，水，好像都比以往更优美了。远方那一点一点闪烁的霓虹灯，也成了大块亮着的斑驳痕迹，晕染着远方的楼房。月亮如一轮纺车，纺着无限遐思，一切皆如往常，却格外的美好静谧。我恨不得将自己的眼睛变作照相机，将这优美的画面保存下来。

　　每天总认为自己过得很枯燥，殊不知其实当你停下脚步，重新观察你的生活，其实趣味良多。"世间不是缺少美，而是缺少发现美的眼睛"。细细观察天天都走的路，也能发现不一样的美丽；正如重新审视每天都过着的生活，也能感受到别样的快乐。

　　走在平凡的路上，请你带上一双慧眼吧。认真去体会，去观察，你就会发现，平凡的风景里也有你向往的远方。

不能忽略的握手

周雨贤

黑夜的宁静瞬间被一阵争吵划破。

两个男人的嘶吼在小区里回荡，显得格外嘹亮，"你眼瞎啦！这车位是你买的吗？""刚才你又不在，我借停一下不可以吗？"唉，又是因为车位引发的争吵。小区因车多位少已经改造过了，即使原本的绿化已夷为平地，每天的车位仍供不应求，挤得满满当当。

我趴在窗前，忐忑地盯着那两个不算高大但很强壮的男人，他们都双手叉腰，那凶神恶煞的样子，好像随时都会打起来。过往的行人只是默默走过，仿佛什么都没有发生，没有人敢触碰两只正在爆发的老虎。两人一句对一句，好像都很在理，僵持不下。

渐渐地，"借"位者的声音明显低了下去，估计是自觉无趣，不如早些结束。可他这一低声，车位主的气焰更甚，破口大骂起来。"借"位者忍无可忍，将刚放下的面子又拾起来，针尖对麦芒，局面一度僵持，我的心也被吊了起来。

这时，"借"位者迟疑了一下，空气凝固，令人胆怯。他抬头瞥了车位主一眼，故作潇洒地走进车内，挪开车位。车位主得意地哼了一声，因为在这次争吵中，他是胜利者。奇怪的是，"借"位者并没有一走了之，而是将车停在路边，似乎在等待什么。

车位主将车停好后，好像心情很是舒畅，哼着小曲儿正准备进入楼层。突然他被先前争吵的男人拦住，又摆出戒备的样子。只见"借"位者略显局促地挠了挠自己的头："对不起……我实在是找不到车位才借用你的车位，希望你能原谅我。"车位主好像愣住了，不相信对方会道歉，不过他徐徐地放下了叉腰的双手。气氛有些尴尬，"借"位者于不经意间主动伸出右手，车位主也爽快地伸出了右手与他相握。两人之前的怨恨于这个小小的握手之中，化解了。我的一颗心总算也落了地。之后他们又互相客气地握手寒暄了一番，可能是在握手言和中读懂了人生的故事。

车位主目送"借"位者走后，叹了一口气，他可能意识到，在这次争锋中，他并不是胜利的一方，但是在握手谅解中，他明白了退一步海阔天空的真正意义。

法国著名诗人雨果说过："世界上最宽阔的是海洋，比海洋更宽阔的是天空，比天空更宽阔的是人的胸怀。"简单的一次握手就能抚平烦躁与愤怒，化干戈为玉帛，何乐而不为呢？

黑夜，于两只大手交握的温暖之中，归于宁静。

最美的行囊

赵媛媛

我是被车外的噪声吵醒的。

耳畔依稀传来甜美的声音："尊敬的乘客，本次列车已抵

从未走远

达……"

我无心再听下去，起身准备倒杯水。我走向车厢与车厢的接头处，却被面前的景象吓了一跳：

当时还是凌晨，狭小的空间窝着四五个人，他们或蜷着身子，或靠着他们自己的旅行袋，却都毫无例外地呼呼大睡。借着车厢顶的灯，我细细地打量着那一张张面孔：蓬头垢面，微合着嘴，鼻孔一张一翕，仿佛是一条条被搁浅的鱼。

我迟钝的神思骤然清醒了大半，无心再打量那些人们，于是小心地跨过行李和人群，走到热水器旁，接起了水。正欲离开，那边一道细微的呢喃声又吸引住了我的目光：

那是一个小姑娘，十多岁的样子，她正捧着一本翻得发黄的盗版书，聚精会神地读着。她的面容隐有菜色，服装齐整却缀着几个补丁。她很瘦小，蜷在旅行包的后边，她似乎发现了我在打量她，从包后面探出头，笑得明媚："有什么事吗？"

我想走过去，却苦于那大包小包，只得远远地观望着她在读着那本书。火车里灯光那么暗，她难道不怕伤到眼睛吗？我正疑惑着，她却开口了："你也觉得我很奇怪吧？这黑灯瞎火的却在看书。可是我想上高中，我要提早准备着……"

我看着她眉目飞扬的样子，心里莫名抽搐了一下，默默地将视线移到她行囊旁边的那筐核桃上面："姐姐，你的核桃卖了多少钱？""还没下火车呢。"她眉毛耷拉了一下，却很快又振作了精神："我会坚持慢慢筹钱的！"语毕，她还特别认真地说："我一定会好好努力的。"

我望着她久久不语，似乎看见她正背着行囊坚定而缓慢地行走，而行囊上赫然写着理想和奋斗……

此时，不远处传来了妈妈的呼唤声，我又一次凝视着她："我相信，你一定能！"她笑了。

我随着妈妈走出火车站，车站广场上人山人海，我相信她能把核桃全部卖掉，我微笑着回头向走出检票口的人群望了一望。

春 之 歌

李毅然

听，哪来的声音？

是山泉的涓涓细流，还是瀑布的一泻千里？冰雪精灵回家春眠了，淘气的水弟弟扑腾扑腾地冒着气泡，好似狂欢，奏响一曲美妙的乐曲。叮叮，是铜铃的摇摆声，咚咚，是大鼓的敲打声……他们欢送了冬天，激情万分地迎接了春天这个奇妙的音乐家。

侧耳倾听，去寻觅歌声！

把头抬起来吧！天空已经抛下了美丽的蓝绸，偶尔瞧见，这条湛蓝的"天河"还绣上了几只小鸟，它们不停地扇动翅膀，蹭着小脚丫，嘴里喃喃自语。请你细听！那吟唱着的是春妹妹教给它们的叽喳歌，按着春的吩咐，它们在街道上空，在青青的草地和澄澈的湖面上盘旋，分享着春天的喜悦。瞧！那群小鸟儿，娇小的身影，在似棉花糖的白云朵前掠过，忽隐忽现，如小仙子般，在云层间玩耍跳跃。

风儿带来了春的生命，捎来了绿的画笔，在耀眼的阳光下，呼呼——吹着响亮的口哨，吹出了温暖的气息，又吹起了生命的起点。风儿又划起层层波浪，那细雨般的声音，拂过千万个生灵，带来了春的生机。

　　甘甜的露珠，也是那么淘气，在白玉般的铃兰花苞头玩起了倒挂金钩，透彻中，带着微微的生命力，不知何时，它会翻一个跟头，在空气中划过一条美丽的弧线，接着，融入新鲜的泥土里。哎，露珠还是那么怀念这个世界，微风拂来，他就摇动着肥胖的身体，一秒又一秒，终于，咚的一声落了下来，用自己的一生滋润了这肥沃的泥土。

　　远处，青绿色的叶子也在摇晃着身子，悬在梢头，等待着黎明，等待着那一轮带着希望的红日。

　　春之歌，生命的歌，希望的歌，热闹，轻盈，生机勃勃。

雪天里的温暖

李志平

080

　　下雪了。

　　开着车在狭窄的小道上，几盏闪烁着昏黄光芒的路灯稀稀疏疏地在雪中静默着。今年的雪似乎格外的大，即使车内开着暖气，似乎还感觉有冷气从车外渗透进来，已经快十一点了，但我们还没吃晚饭。听着肚子里传来的如泣如诉的"咕咕"声，我烦躁极了。

　　车子终于停了下来，我揉揉眼，一家简陋的羊汤馆出现在了我和妈妈的面前。"就在这儿吃吧。"妈妈的声音充满着浓浓的疲惫，我应了一声，随着妈妈走了进去。

　　里面很简陋，四张擦拭得干干净净的桌子旁就是灶台，一位老太太窝在后面，将散乱在地上的用来点火的干草扎成一个个结。也许是我们的到来惊扰了她，她急忙放下手中的活计，微笑着看着我们：
"要喝羊汤吗？"

我看着面前鲜香扑鼻的羊汤，再看看屋外的鹅毛大雪，有种恍如梦幻的感觉。

"闺女，快喝呀，晚了汤就不好喝了。"老太太见我还不动手，催起了我。

我回过神来，端起汤碗，浅浅地品了一口。一股热流顺着我的喉咙滑至小腹，鲜，香，浓，交织着在口中闪现，我大口大口地喝着，与老太太也熟悉了起来。

"奶奶，这附近还有什么小宾馆吗？"吃完后，我便与老太太闲聊起来。

"宾馆？"奶奶皱着眉想了想："附近的确有个，就在对面几十米，也挺干净的。要不然我带你们去看看？"我感动极了，点点头。

到了旅店，我才放松下来。洗了澡，收拾下东西，抬眼看看窗外，雪花漫天飘洒，一片迷茫。我收回了视线，准备睡觉。

门却被敲响了，这么晚了，谁呀？打开房门，一个熟悉的身影出现在我们的面前。灰白的发上，一片片雪花已经融化成了晶莹的水珠，她冷得说不出话来，想要说什么，却化成了一团团白气。是那位老太太！

"奶奶，您来干什么呀？"老太太颤颤巍巍地从怀中拿出一条围巾，我头"嗡"一下，蒙了。那是我的围巾！老太太将围巾塞到我的手里："你的围巾，落在店里了，我给你们送过来。"

我眼眶湿润了，这么冷的天，还下着雪，奶奶这份心意让我不得不感动。

我让老奶奶坐一会儿暖暖再走，她却摆摆手："不了，我羊汤还没有熬好呢。"说着，她起身离开了房间，带上门。

屋外，鹅毛般的大雪纷纷扬扬地下着，老太太蹒跚而行，留下一个个充满温暖和爱的脚印……

我凝视着还带着老太太体温的围巾，猛地拥入怀里。屋外寒风凛冽，但我却因为老太太的爱而感觉屋内温暖如春！

冬雪不再寒冷

吴瑞宏

冬天，寒风像刀子一样，刮得人脸生疼，雪早已将地面铺满。

贫穷的小叙阳穿着单薄破旧的衣服，套着破了一个大口子的凉鞋，走在冰凉的雪地里，寒凉袭遍了他的全身，他低头望了望自己已冻得几乎失去知觉的脚，心想：我要有一双温暖的鞋该多好啊，这样我就能走得更快了，就能快点儿找到一个避风的地方了。

他路过一家卖鞋子的店，小叙阳趴在玻璃上，望着那里面的鞋子：我要有一双这样的鞋那该多好啊。这时，身旁走过来一位面目慈善的老妇人，她望着这个趴在橱窗上的男孩儿，又望了望他那通红的双脚，便明白了一切。

她轻轻拍了一下小叙阳，笑着问道："孩子，这么冷的冬天，你为什么光着脚走啊？"

他低头一看，那双破旧的鞋在走路时不知不觉地脱落了，自己竟没有察觉到。

老妇人用温暖的手拉起小叙阳那生满冻疮的手走进了店里。她让店主打来了一盆温水，又拿来了一双袜子，把不知所措的小叙阳拉坐到椅子上，摸了摸小叙阳的头，笑着拿来小叙阳梦寐以求的那双鞋，将他的脚轻轻放入温水中，小叙阳顿时感觉温暖袭遍了他的全身，脚也渐渐恢复了知觉。

他一脸感激地望着老妇人，热泪盈眶，不知说什么才好。老妇人将他的脚在水中轻轻按摩着，使小叙阳的脚一点点舒服起来。过了好一会儿，老妇人帮小叙阳的脚用毛巾擦干，穿好袜子，再穿上鞋子，亲吻了一下小叙阳的额头，然后悄然离去。

等小叙阳回过神来，老妇人早已走远了，小叙阳恍恍惚惚好像刚刚做了一个美梦一般，望着脚上的鞋子和雪地上一排脚印，心中充满了温暖。

雪依然下着，可不再寒气逼人，在小叙阳眼里，雪变得温暖怡人。

回家的感觉真好

张之华

金黄的银杏落叶飞舞着，像金蝴蝶一样高雅而又优美，它们飘舞着落到地上如回到了家一样安心。看着这如画的美景，我的心情却更加纠结。

放学多时了，天色已经暗了下来，外面的一切都已模糊不清，只有城市炫目的灯光在黑色的天与白色的地之间静静守候，看着这安静的一切，我的内心却无法平静。

"今天真倒霉！"我坐在路边嘟囔着。

是挺倒霉的，先是数学考得不理想，又因为说话被老师批评了一通。

身后的银杏树还在不紧不慢地抛撒着金色的叶，落叶在空中飞舞了一会儿，落到了地上，一地枯黄的颜色毫无生机，让我倍觉难过。

我从来都很相信自己的成绩与表现，可我也许太自信了，一下子承受不了这种挫败感，所以母亲来接我的时候，我并没有像往常一样叽叽喳喳汇报。当然，今天所发生的一切是瞒不住的。

晚饭后，母亲从我的书包中抽出那张试卷，我忐忑不安地看着她，心里盘算她会怎样数落我。可她认真细致地看了试卷后，并没有大发雷霆，而是给我倒了一杯水让我暖手，温柔地说："我们一起来分析分析错题，弄懂了就好。"顿时我的鼻子一酸。

过了一会儿，电话铃声响起，她拿着电话过来，让我接电话。电话里传来了我父亲的声音。我跟他说了我的成绩，父亲说："如果说你已经觉得这个成绩不理想的话，那么你就可以放下这次成绩了。因为你已经认识到了自己的不足。"

我放下手机，看着花架上的一盆植物发呆。那盆绿萝似乎永远不会凋零，总是有着生命的绿色。我看着眼前的母亲，想着刚才爸爸的话语，心中倍觉温暖。

父亲在外工作，也一定会遇到困难，碰到挫折，可他很乐观。我仅仅一次失利，又有什么呢？

母亲走到我的身旁："你看这盆绿萝，即使是秋天也依然碧绿，既然植物都可以，你为什么不能恢复信心，再创辉煌？"我应如同那金蝴蝶一样，即使今天落下，也是为明天新的绿叶生长做好准备。

我在家中重新找回了自信，在家中，我感受到了温暖与关怀。

冬的小精灵

潘少梅

清晨，推开门，脸被风吹得生疼，我在心里小声嘀咕着：这风也太不会怜惜人了吧！当我抬头，眼前却出现了"忽如一夜春风来，千树万树梨花开"的美景。到处都是银装素裹的模样。

雪娃娃赶着夜路，将雪花铺在形状不同的屋顶，树枝仿佛裹着棉花糖，偶尔落在枝杈上的麻雀，叽叽喳喳，仿佛分享着彼此的快乐。雪一直下着，掩了门前的河，山间的树，雪精灵是以怎样的胸怀笼罩着天地间的广阔世界啊！

开始时，雪花依稀可数，隐约难觅，仿佛天上有位神人漫不经心地散落了几个细碎的花瓣。过了十分钟后，我看见了几片鹅毛般的雪花夹在雪沫中飞舞着，然后慢慢地躺在晶莹的大地上。雪像烟一样轻，像银一样白，飘飘摇摇，纷纷扬扬，从天空中飘下来。午后，大雪就像扯碎了的棉絮，纷纷扬扬，漫天飞舞。渐渐的，雪越下越大，一阵紧似一阵，风裹着雪，雪携着风，顷刻间天地一色，风雪弥漫。

山川、树木、房屋，全部罩上了一层厚厚的雪，万里江山变成了粉妆玉砌的世界，我深深地陶醉在雪景里。落光叶子的柳树上，挂满了毛茸茸、亮晶晶的银条儿；冬夏常青的松树和柏树，堆满了蓬松松、沉甸甸的雪球。一阵风吹来，树枝轻轻地摇晃，银条儿和雪球儿簌簌地落下来，玉屑似的雪末儿随风飘扬，映着清晨的阳光，显出一道道五光十色的彩虹。

我忍不住飞奔下楼去，踏着软绵绵的雪，发出咯吱咯吱的声响，走到深处，雪没到小腿。闭上眼，我仿佛已经变成了雪花，在空中纷纷扬扬地落下来，飘落在树上、地上、车上、屋上。冬天的太阳不是十分耀眼的，好像朦朦胧胧地被一层薄纱罩着。抬头看，以往那几棵被北风吹得光秃秃的老桐树，在棕黑色树干的衬托下，它显得更加纯洁无瑕。在雪的映照下，天也变成了银色。道路两边那高大的松树，几枝调皮的枝丫不愿被这银色的雪盖住，伸出脚丫，露出星星点点的绿色，给这世界添了几分童话般的色彩。一排排一列列的大树环抱道路，为人们遮蔽风寒。小朋友们在树丛中追逐嬉戏，阵阵欢笑随风飘来。

天是银色的，山是银色的，树是银色的，地是银色的……我喜欢这纯白的雪、善良的雪、无私的雪，更喜欢这雪后的美景。

086

花谢花飞飞满天

陈宇浩

秋天，一个花落花谢的季节。

清晨，飒飒的凉风中，我独自一人站在屋外的小院子里。偶然低头俯首，看见了陶盆里的一朵小花，心里不经意间感到阵阵忧伤了。

那是一朵月季花，母亲几个月前种下的，不久前刚开的第一朵花。只可惜它命不好，早上开的花，到下午就碰上了一场大雨，瞬间打了蔫。这之后花瓣就一直卷曲着，颜色也淡了，仿佛色彩都被雨水给冲刷掉了。

我盯着它，总觉得自己对不起它。新生的那一天，它本应该享受着美好的阳光，而我却让它饱受了风雨的折磨，让它失去了美丽与青春，让它直接走向了枯萎与死亡……

在风儿的吹拂中，那朵小小的月季花抖动着泛黄的瓣儿，依旧坚强地挺立在枝头，在天地之间留下了它最后的也是最美的笑容，只为证明在这世界上小小的一角，曾经有一朵花存在过、绽放过、微笑过……

或许，它明天就要死了，也没有人会记住它，但至少它的一生都是丰富而又实在的。它品味过酸甜苦辣；它看到过太阳，也经历过风雨；它曾把那短暂的美丽献给了世界，如今它又将要让自己长眠于泥土之下了。

我猛然间觉悟到，花谢的另一面是美丽的，是无悔的，是无私奉献的！

林黛玉的《葬花吟》：花谢花飞飞满天，红消香断有谁怜？

花谢了，又有谁会去同情怜悯呢？但"落红不是无情物，化作春泥更护花"，花的品质是永远不会改变的。它牺牲自己枯萎的身体，去培养下一代，让它们延续着自己的生命和使命，去为世界无限地绽放光彩、美丽和生机。

风儿依旧在吹，花依旧在抖动着枯黄的瓣儿。而我的眼前却出现了一朵新生的月季，还是那样小小的，嫩嫩的。是真的？还是幻觉？

花落，因为花开过。

花虽谢了，但它的一生是美丽的。

花虽谢了，但它的一生是无悔的。

花虽谢了，但它的一生又是伟大的……

听　水

王子瑞

　　水，是生命之源，是万物生长的源泉。水，能洗涤万物，净涤人的心灵。水，给予我们无私奉献，又无怨无悔。无言的水呦，每天都似乎给我们悄悄地留言。不信？我带你一起去听水。

　　听水，哗啦哗啦，那是小河流向大海的欢笑。小河不畏艰辛，奔腾不息，向着心中的目标不断前进。前方有高山阻拦，它就变身溪流穿山而出，前方又遇落差山谷，它又化身瀑布一跃而下。终于有一天，小河来到了容纳百川的大海，融入了大海妈妈的怀抱。小河不畏艰难、勇往直前，终于看到了外面的世界原来如此精彩。

　　听水，叮咚叮咚，那是泉水依躺在山涧的怀抱。山涧安详静谧，稍显冷清。泉水调皮地冒出一朵朵水中奇花，为山涧带来了生机与活力。山涧与泉水天作之合，构成了一幅幅美丽的诗意画卷。

　　听水，啪哒啪哒，那是惊涛洗涤着岩石的辛劳。惊涛不停地拍打着岩石，它们前仆后继，像一位位坚强的"勇士"。岩石露出不屑的表情，似乎是在告诉惊涛不要徒劳。而"勇士"们却一言不发，继续向岩石发起一波又一波的进攻。日复一日，年复一年，岩石那锋利的棱角没了，被塑造出各种令人惊叹的优美轮廓。岩石低下了头，为自己以前的傲慢而惭愧。

听水，淅淅沥沥，那是春雨捎给庄稼的喜报。贵如油的春雨从天而降，翩翩起舞，舞出了一曲曲春的华尔兹，庄稼在风雨中尽情摇摆，享受雨露。农民伯伯乐得咧开了嘴，预示着又一个丰收年的到来。

听水，滴答滴答，那是生命之水向人类发出警告。瞧，不知是哪位顽皮的小孩儿又忘记拧紧水龙头，水滴答滴答地传出阵阵哭泣。看，又是哪家工厂在向小河里排放污水，河里的鱼儿无以藏身。是啊，生命之水并非取之不竭，节约用水，爱护水资源就是为生命筑起万里长城。

水啊，我们读懂了你的声音，我们要好好珍惜你、爱护你，生命因你而精彩。

同桌的"算计"

陈金宜

一番选择下来，我和你仍然是同桌。

心里复杂得说不出话来，无奈、烦忧、欣喜……

看到你笑靥如花的脸时，一切负面情绪都消失得无影无踪。

你有一双很好看的眼睛，像黑曜石那样散发着迷人的光芒。秀气的鼻梁上架着一副眼镜，使你看起来十分文雅。而你发上戴着一个画有强盗标志的围梳，让你看起来显得那么与众不同。同桌许久了，我却从未和你主动交流，同学们都说你还不错，我却不以为然。

"你怎么总用我东西？用了就算了，还如此浪费！"我夺过自己的粘胶带，对你厉声喝道。是的，你太过于"主动"，多次借用我的粘胶不算，这次竟还扯毁了不少。这对于节俭惯了的我来说，实在忍无可忍！

想象中的狂风暴雨并未来临："真巧！刚准备还你的。才借了几次而已，你不必如此。"你调皮地吐了个舌头。

其实，话一说出口我便后悔了。对于同桌，我是不是狠了些？我俩是不是该做一些冷处理，也作为对你不守"桌规"的惩戒？想到这，我愤懑地扭过了头。

第二天，你又习惯性把手伸到了我的桌上，摸起我的粘胶带。我转头，用冷冷的眼神制止你，你"嘻"地一笑："再借我用一下子，我会还给你的！子曰：'胶带非借不能用也'！"你热情地"开导"我。看着你孩子般的一脸坏笑，我实在忍不住了。

"哎呀！你笑起来胜貂蝉、赛西施呀！我的姐姐！这以后就是你的招牌笑了。"我的心尖儿也跟着笑动了。

"赶紧！还有，这题不会写，你能帮帮我吗？"你又趁火打劫。

我望着你的眼睛，眼波带着纯真的笑意，如清泉般澄澈无比。你让我如何拒绝！我假装嗔怒："好，我告诉你，听好了，只讲一遍！"……

也许你并不知道，你那双不带怨恨的眼睛如同明灯一样照进我的心灵，你那天真可爱的笑容让我感动了好久。明明被斥责的是你，但你却如此待我，我的心一下子被温暖包裹。

因为你，我明白了包容的真谛，因为你，让我改变了对人生的看法。因为你，我真切地感到生活对我的馈赠。因为你，我沉静内敛的性格变得活泼开朗。

如果，再次选择，我想，我还会和你同桌！尽管，次次被你"算计"。

090

从未走远

苗　苗

不知从何时开始，我只顾埋头于习题之中，却忘记偶尔抬头看看窗外，在忙碌与紧张中，窗外的世界似乎与我越走越远……

那日清晨难得的早起，懵懂间推开窗，意外地发现了熟悉的美。

那是一棵繁茂的树。

不高却粗，遒劲的树干从地底下盘旋而上，布满了暴风骤雨刻下的岁月的伤痕，错落的旁枝上簇拥着团团绿叶，一片挨着一片，或许在给对方一个清晨的拥抱。没有花，没有果，只有枝与叶，满眼的绿色，一下子照亮了我的眸与心，伸出手，仿佛就能碰到那青翠欲滴的叶儿。

真好，这勃勃的生机又透出岁月的沉淀的美，还未走远。

那是一个温暖的巢。

草黄的鸟巢隐在绿叶间，若不是那几声稚嫩的鸣叫，我并没有注意到，隐约看见三只娇小的淡黄色的身影围在大鸟身边，争宠地挤进妈妈的怀抱。我想大概是鸟爸爸出去觅食了，小鸟们有些等不及了，在向妈妈撒娇吧。想象着小家伙嗷嗷待哺的样子，我情不自禁地笑了，仿佛他们就在我的眼前。

真好，这温馨的无忧无虑的美，还未走远。

那是一对深爱的老夫妻。

老爷爷拄着拐杖，步履蹒跚，老奶奶在一旁搀扶着，极有耐心地陪他踱步。老人的嘴角一直上扬着，漾起了幸福的涟漪，却彼此无语。无须山盟海誓，一个眼神就已通晓彼此的心意，突然老奶奶似乎看见了我，指给她的老伴看，两个人友好地向我招招手。内心一暖，我也笑着回应。

真好，这退去年少的轰轰烈烈，只求相濡以沫的美，从未走远。

原来窗外的美好从未走远，只是我忘了推开窗欣赏。

真好，岁月静好。美好，从未走远。

明天不换座位

许佳乐

明天要换座位。

我坐在教室中央，双眼紧盯着远处的武诗蕙。一年前，我坐在武诗蕙身边，前后左右充满着欢声笑语；如今，"关系较淡"的缪雨彤，"话不投机"的贺柯钰，还有两个不熟的男生已经代替了"高情商"的朱建玮，"萌萌哒"汤茹文，"好脾气"的武诗蕙，过去的记忆彻底翻篇。座位就是这样，还来不及享受它带来的欢乐，便要承受其倏然变迁之悲伤，等我们开始追悔过去的不开心时，它早已经被记忆封存。

英语课上，正追忆往昔的我在关注新环境的同时，也被向老师关注了。我那明显游离于课堂之外的目光被向老师发现。我在站起来那一刻感到大脑一片空白，几个断断续续的单词从远处闪过，但我又不确定哪个是我要找的，不能连词成句。那几秒，如几个世纪般宁静、漫长。忽然，几个声音在四周响起，几种不同的声音，表达了同一种意思，我如抓住救命稻草一般，总算被救上了岸。下课后，我们几个待在一块儿聊天，我这才发现我和缪雨彤有这么多共同的爱好，和贺柯钰有这么多共识。本已和朱立扬约好明天一起去找老师，要求换座位。我捅捅正和贺柯钰聊得热火朝天的朱立扬，她仿佛早已准备好，那看我的眼神就写了七个字：

明天还换座位吗？

是的，还换座位吗？换了座位虽有可能和原来的小伙伴们在一起，弥补过去的遗憾，但便失去了眼前的朋友。我知道，无论换座位是否成功，我都会觉得自己失去了些什么。

本和我同一战线的朱立扬已经彻底沦陷，像被洗脑了一样，前一秒还在冷眼相看贺柯钰、缪雨彤的打闹，后一秒便和缪雨彤在一起打击贺柯钰，三个女人一台戏，让我这个看客深受感染，难不成是"同性相吸"？

一个班本就是一个群体，不存在孤立谁，不理谁，也不存在谁总处在风暴中心，谁那儿总是低气压，身为一个团体，就应该成为朋友，不说关系多么亲近，都应该互相帮助。再说了，不经过相处，怎么知道彼此是路人还是朋友呢？试都没试便一棒打死也太绝对了吧。

我决定明天先不换座位了，为了班集体的团结，也为了不让自己后悔。后悔之情宛如夕阳，以为追求到了黄昏的美丽，但转瞬即逝，等来的却只是黑夜。我只想让生活变得阳光灿烂。

学霸生水痘以后

张宇辰

星期三一大早，我背着书包兴冲冲地走进教室，就感到了一丝异常，一股怪怪的气氛弥漫在教室的各个角落，令人心神不宁。

我刚在座位上坐定，岳亮就悄悄溜到我的身边，附耳轻声说道："岳琪生水痘了！"

岳亮这话音量轻，分量却不轻，它有如一颗重磅炸弹，把我的嘴炸成了"O"形，一下子把我给炸愣了，我愣了几秒，心中顿时生出了一种莫名的欣喜，再看看岳琪的座位："空空如也"，我心中那个喜悦就别提了，不由得想："这小子不会真被水痘击倒了吧，这样一来，我不就名正言顺地成了班上的第一了吗？真是太好了！"

说起岳琪，那可真是大名鼎鼎，威风凛凛，绝对是叱咤风云、呼风唤雨的一号人物，不仅在本年级里无人不知，无人不晓，甚至就在高年级，他的名头也是如雷贯耳的，许多年级的学生都在课间特地跑到我们班一睹岳琪的真容，连我，这个他的竞争对手也不得不承认，他是一个神一样的人物，一个谜一样的存在：四次考上年级第一，未尝败绩。他不仅学习好，体育也很好（这一点我甘拜下风），是我们班上与戴泽诚齐名的体育健将，据说他"粉丝"过百……他的故事一天一夜也说不完，在我眼里，他就是一位大神，一位全才，一个不可超越的神话，一位不折不扣的"成功者"。

很快"岳琪生水痘"的消息便以一种难以置信的速度传播开来，班上热闹了，早读课上没有琅琅的读书声，有的只是交头接耳与窃窃私语，"嘿，你知道吗，岳琪得了水痘了？"同学甲一脸兴奋地对同学乙说，"哈哈，太好了，岳琪完了，这次期末考试他别想考好了！"同学乙显得兴奋。同学甲又说："据岳亮说，岳琪今天一大早就起来打游戏，也不自学了，等他进来了，我们就等着看笑话吧！哈哈……"与此同时，几十双眼睛齐刷刷地射向了岳琪的宝座，眼中满是欢喜与热切，以班上前十名的同学尤甚，每一个人心中的小算盘都打得"叮咚"响：岳琪生水痘了，起码两周进不来，功课自然要落下，到那时，全班第一这个炙手可热的"宝座"不知会花落谁家了，拿到了班级第一，还愁进不了年级前十吗？

"啥，岳琪这家伙生水痘了"？陈彦远欢喜地叫道，"太好了，岳琪生了水痘，我就有望考上第一了！"我白了他一眼，不屑地说道："就你？考上第一？做梦吧！老老实实想着挤进前十吧！"可陈彦远依旧在那儿手舞足蹈，一副十分兴奋的样子，他欢呼雀跃地说："这有什么要紧，只要有岳琪在，我考试就有压力，他不在，这次月考我一定能拿个好名次。"我一咧嘴角，不以为是地哼了一句："拭目以待！"

095

其实一开始我也很开心，有点儿欣喜若狂，恨不得蹦到天上，可转念一想，靠这样拿第一实在有些不光彩，若能真刀真枪地干过岳琪，不是能更好地证明自己的实力吗？所以，与其在这儿空想傻乐，倒不如认真学习，争取早日赶上岳琪，把他比下去，这样才有意义。

想到这儿，我捧起书本，大声读了起来。

迷　路

徐启航

　　我在数学课上认真听讲，作业认真做，甚至晚上有时也复习到很迟，可是，试卷上的分数总是不尽如人意，我的努力就像投入大海的石头，我有些茫然，不知道该怎么办。

　　周末出去游玩，能否从自然中寻找到答案的要点。

　　顺着人流往前走着，道路的一侧是一条不算太大的小河，水面平静，虽然在缓慢流动，但没有一丝浪花溅起。看着这如死水的小河我不禁摇了摇头，继续往前走着，我们走入了一片森林，隐隐约约的，我听到了水声，水冲撞石头发出的声音，随着我们越往前走，水声越来越大，终于在我们面前展现，原来是瀑布！水从高处落下，一泻千里，碰撞在石头上，溅出水花，空气十分潮湿，经过太阳的照射，一个又一个的彩虹显现出来，果然是"飞流直下三千尺，疑似银河落九天"。

　　看着这壮观的景象，不禁感叹大自然的鬼斧神工，突然间，我感到，这样的瀑布的源头一定是一条波浪汹涌、奔腾不息的大河吧。我于是再顺着一旁的石阶向上攀登，上面是一片树林，我没有听到水声，这让我有些疑惑，眼前就是一条小河，我有些惊讶，顺着小河往前走，我又听到了瀑布的声音，我震惊了，我简直不敢相信自己的眼睛，怎么也不能把心中的大河和眼前的景象联系起来，看着这些水前仆后继，在尽头积蓄，最后冲下去形成瑰丽的风景，我终于明白，这似乎死水的小河正是壮观瀑布的源头。

我心中的灯好像一下被点亮了，我明白，尽管之前默默无闻，但没有积蓄，就没有厚积薄发的成功！

回　　答

杨嘉驰

097

生命的意义在哪里？

答案会有很多，似乎谁也说服不了谁，只有万物继续着永恒不变的"动作"。

蜜蜂嗡嗡，阳光下，那对轻盈的翅膀发出流光溢彩；烟雨里，它们选择抱团，等待下一刻的阳光，同时也等待着辛勤劳动。

在空中，它们用轻灵的身影告诉我，生命的意义在于奋斗。

春蚕不语，只是默默地吃着桑叶，默默地为那仅此一次的变化积蓄能量。为了那一次的改变，为了那一次短暂的飞翔，它穷尽了一生的时间。即使飞翔之后就将直面死亡，可是，它们依旧无悔。

因为它们实现了梦想，用绚丽的翅膀告诉了我，生命的意义在于有梦。

蜘蛛悄悄，在昏暗无人的角落里吐着纤细的丝，那复杂繁复的花纹，是那般难以编织，更何况，只要有大风吹来，便可能似风卷残云一般，将网和它都吹下，可是它依旧一点点向上爬，继续着织网。

它用不懈的努力告诉大家，生命的意义在于坚持。

蔷薇带刺，可是它带给了我属于它们的答案，任风霜雨雪侵袭，她们不管不顾永远向上爬。而风雪，更促使它们的毅然决然。

一种泣血的气息，它们告诉我，生命的意义在于顽强。

果树摇曳，它们或早或晚、或多或少都会结果，它们也能开花，甚至美艳到惊天动地，可是世人还是最能记住它们的果实，因为只有它能够给人们实质上的享受。

果树的品格让我明白，生命的意义在于奉献。

去年，家中那盆兰花开了花，嫩黄色的花朵是那般可爱，香气弥漫到整个屋子，香气是那么沁人心脾。正当每个人都沉浸在欢乐的气氛中时，它却枯萎，死了，那花朵也迅速枯焦，香气不复存在。只好将它扔出门外。它一死，所有的荣耀都随风而去。

兰花回答了生命的意义：“只有好好活着，生命才有意义。”

万物无声，没有高谈阔论，却都在用自己的行动，回答这个深沉的话题。

月牙儿，待在我的梦里

一个白白胖胖的小女孩儿便指着不远处的小水塘叫了起来："看！月亮掉下来了！"跑过去一看，水塘里真躺着一个又圆又亮的月亮。孩子们围在水塘边，伸长脖子小心翼翼地看着，每个人的瞳仁里都装着一个小月亮。

没有家庭作业的晚上

唐 一

星期三中午，出奇的，教室里没有一点儿声音。何老师进来后，惊讶地看着我们，说道：表现不错吗，那就给你们一个小奖励——我不布置家庭作业了！

随后的几秒钟里，全班同学都静默了。开玩笑吧？要知道我们已经是六年级，马上要小升初考试。平时每天的作业不说多，三门加起来也要做一个多小时。今天太阳打西边出来了？好好的怎么会没作业？再看看何老师，一脸诚恳，不像是骗人。顷刻间，欢欣、兴奋的神情迅速地占据了大家的脸颊，"耶！"一声欢呼，沸腾起来了，同学们个个都尽情地欢呼着，呐喊着，简直要将屋顶给震开。此时此刻，"欣喜若狂""眉飞色舞"这些词已难以形容大家。我拍了拍自己的脑袋，怀疑这是幻觉，可随后，一波大过一波的欢呼之声，一张又一张灿烂的笑脸立即打消了我的疑虑。此刻，又不知是哪一位"无名英雄"带头鼓起掌，全班又沉浸在了一片掌声之中，无比热烈，无比响亮的掌声再一次响彻了教室，久久不能散去……

很快，放学的时刻来到了。我拿起做好的英语作业和还剩一半的数学作业放进书包里。一路哼着歌小跑着回家。我心里既轻松又高兴。似乎感受到我的心情，就连树上的小鸟都叽叽喳喳地为我高兴。

回到家，我立马把数学作业拿出来写完了，然后大呼一声，扑到了床上。躺了几分钟后，我来到了客厅，无所事事，不知道该干些什么好。我坐在沙发上，拿起电视遥控器打开了电视。一看，除了电视剧就是动画片。奇怪，以前我看电视时都是目不转睛，看什么都津津有味的，但这时反而不觉得有什么好看的了。

我关掉电视，又回到书桌前，把中午没看完的课外书拿了出来继续看，这下我可有事做喽。书内精彩的内容、栩栩如生的人物吸引着我看了一页又一页。有趣的情节紧扣人心，让你不想翻下去又不舍放下来。起初，我翱翔在书的天空里，可很快，一本书就看完了。我把书搭在一旁，托着下巴发呆，我越想越无聊，突然，我脑袋里灵光一现，闪出了一个念头。于是，我拿出语文书和《课课通》，认认真真地预习起来。真是奇怪，平时老师布置预习作业时，我都是以完成作业为目的去完成作业，但这次老师没有布置作业我却预习得很认真。我越预习越觉得预习比看电视好，快要把书上所有不懂的地方都理解了。预习完语文后，我又拿过复读机，跟着磁带读起了英语……

我越来越起劲，最后竟拉起了坐在沙发上看电视的爸爸和他玩起了成语接龙，最后虽然是爸爸胜出，但我也非常高兴。

不是因为今天没有家庭作业，而是我学会了自主学习。

月牙儿，待在我的梦里

记一节有趣的作文课

孙劭涵

何老师转过身，面对黑板，她左手拿着一张纸，右手抓着一支粉笔，开始写那张纸上的内容。

教室里安静极了，连一根针掉在地上也听得见。只见张倍源半趴在桌子上，脑袋不停地摇晃着，他一会儿抓抓后背，一会儿挠挠脑袋，脚放在地上，不时地抖动一下，何老师写的字是："有一棵很高很高的椰子树"。当她写到"棵"的时候，张倍源的眉毛皱成了"川"字形，眼睛细细地斜着黑板，用手撑着头部，仿佛在仔细地沉思。何老师写完后，我也奇怪了，心里有无数个问号：老师干什么要写这些字？写这些字的目的是什么？下面还有什么？张倍源也搞不懂老师的葫芦里到底卖的什么药。何老师又转过身，刷刷地写下了"分别有四种动物：猩猩、狒狒、猴子、金刚爬到树上"我心想：咦，老师到底是什么意思啊？只见韩景臣双手托着下巴，头微微往上仰，细细的眉毛皱着，沉思状。何老师微微一笑，问大家："你们认为这四种动物哪个先吃到香蕉？"

教室里鸦雀无声，大家都在静静地思考。想完后，便在日记本上写出了答案。同学们个个举手，有的说是猴子，有的说是狒狒，吵得不可开交。

何老师做了一个安静的动作，狡黠地一笑说："没有谁能吃到香蕉，因为这是椰子树！"同学们互相一看，都哈哈大笑起来，只见王润泽双手高高举起，手上做着"V"的样子，嘴里发出"噢，我对了！"的声音，脸因成功而变得通红，笑呵呵的。徐天泽则叹了一口气，嘴里发出"唉！"的叹息声，眼睛半睁半闭，一副十分懊恼的样子。我呢，也不由得觉得好玩，心想：这可真是个脑筋急转弯啊！同时也有些懊恼，我以为老师不小心把"椰子"说成香蕉，没想到老师是故意的。一开始我是丈二和尚摸不着头脑，现在可真是茅塞顿开呀！

在不知不觉中，下课铃响了。这节有趣的作文课也结束了，我是意犹未尽呀！

一件伤心的往事

李翔宇

有一件事虽然过去了很久，但我仍然历历在目。

那是一段伤心的往事。五年级下学期，有一次我正在埋头沉思，因为考试成绩不好，心中很郁闷。当时薛翰宸和蒋恪正在教室后面疯狂地玩，也不知是有意还是无意，把我撞得趴在了桌上。我立刻勃然大怒：好你个蒋恪，竟然连你也敢欺负我！吃了熊心豹子胆了？

几天来的烦闷更是给怒气来了个加成，是可忍孰不可忍！心中的怒火已经达到顶峰，不管三七二十一，我以雷霆万钧之势冲上去就给了他一脚，蒋恪也是爆竹脾气——一点就炸，哪里受得了这等委屈？他如一个输红了眼的赌徒，径直向我冲来。

一场恶战一触即发，同学们则散落在四周，有的不知发生了什么事，茫然地看着我们；有的坐山观虎斗；还有的幸灾乐祸，为我俩加油。我和蒋恪不分青红皂白，扭住对方就打，直斗得天昏地暗，蒋恪到底人高马大，五大三粗，对着我使劲一推，我就像坐滑梯似的一路狂飙，一头栽进了垃圾桶。同学中不时传来阵阵嘲笑声和叫战声，蒋恪则用胜利者傲慢的姿态，对我撅了撅屁股，一转身准备离开。

我的小宇宙彻底爆发了，冲上去就给了他一个左勾拳，这一下打得又准又狠，教室里只听得一声惊心动魄的巨响，我的怒气一下子全部释放出来，心中被囚禁的是非观猛然占据了我的心，蒋恪摸着被打伤的脸，直到泪匣子打开的那一刻也未能反应过来。

我刚想去补救，但已经迟了，蒋恪已经哭丧着脸跑到老师办公室告状去了。开弓没有回头箭，世上也没有卖后悔药的，即使肠子悔青了，我也只能认命了。

数学马老师把我叫进办公室就是一顿责备，这还不够，班主任朱老师又在全班同学面前狠狠地批评了我一顿，说我一个优秀学生，还是语文科代表，没有忍让之心，对他人一点儿不宽宏大量……搞得我恨不得找条地缝钻进去。就连做老师的爸爸也受到了牵连，脸面扫地。

冲动真是魔鬼。从这件事中我明白了：忍一时风平浪静，退一步海阔天空。打架解决不了问题，反而会带来更多的麻烦，作为一名学生，应该以和为贵，应当有是非判断能力，知道怎么去合理处理事情。今后我一定吃一堑长一智！

又是一年毕业季

——谨以此献给我的同伴和老师

盛赵阳

"哈哈！""呵呵！""嘻嘻！"……"别吵了，别吵了，排好队去拍牌照！""一二一，抬头挺胸，一二一！"我们坐在照相机前的椅子上，眼里泛着好奇，咧开小嘴，露出小虎牙，惹人喜爱。"茄子！咔嚓！"一声声的呼唤，我们便有了自己的胸牌。那时一年级。

鸟儿在树上快乐地唱歌，大树用自己的吉他为她伴奏。在温暖的五月底，我们班排着整齐的队伍，昂首挺胸地走向南门广场。时间走得多快，昔日矮小的孩童如今已长成如大树一般坚韧有力的少年，稚嫩的童音已进入变声期。照样，还是在那个地方——拍胸牌的地方，站成一排，互相望着自己的前后左右，为即将到来的时刻而激动不已。校长们端坐在一旁，朝我们微笑，他就像一位农民，小憩同时也在聆听庄稼的拔节之声。对准镜头，严肃又泛着标致的微笑。久违的"茄子！""咔嚓"又回荡在我们耳畔。我们只感到一束洁白的圣光洒在我们身上，心里流动着暖流，无比自豪。"我毕业了！"发出一声呐喊，世界都为你而震动。

"拿到试卷，写上班级姓名，对折后就可以开始答卷，祝同学们都能取得优异的成绩！"我们紧张地接过白花花的试卷，心里七上八下，对折、写名字、取笔，每一个动作都那么小心翼翼，在自己看来，这是一次神圣的任务。教室里静悄悄的，只听到我们的铅笔沙沙落纸的声音。考完后，我们像疯了一样地大吼，追逐嬉戏，庆祝假期的到来，彻底解放。倍儿爽！那是一年级。

"同学们，六载拼搏，一朝圆梦。祝愿同学们都能取得自豪的成绩！现在请拿出试卷，写上学校班级姓名和自己的准考证号，将试卷平铺在桌子上，开始答题。切记要保护好自己的试卷，不能有折痕，不然电脑扫描不出来。好，现在开始！"我们自信地提笔答题，好像在进行一场大决战。我们势如破竹，所到之处所向披靡，一路过五关斩六将，沙沙的笔声仿佛就是捷报的传出。当写完试卷的最后一个字，当下课铃声响起时，我们的内心久久不能平静。"收卷——耶！"老师的话音未落，我们就像一匹匹小马呼喊着蹦出考场。今天的天空是多么明朗，云朵是多么可爱，同学是多么活泼。教室里展开了各个兴趣小组：答案传播小组、假期出游小组、分发杂志小组。各忙各的，无不嗨翻天。今天，小学毕业考试结束了。

盛夏的七月将我呼唤，痛快的暑假就在身前迎接。明天，我们就要告别小学的恩师，拥入中学的怀抱，同学们也将各奔东西。最后一天了，我也在憧憬着、盼望着、期待着，不禁浮想联翩。

我的小学老师们，你们好！几年下来，你们的红笔不知道用去多少支，又在作业本上划了多少个勾多少个叉。从这些字符中，我们能够明白其中深刻的意思。勾，就像一根绳子由束缚变松解，说明你的知识点可以过关；叉，好比两段绳子将你拦在路中间，提醒你只有改正错误，才能一路顺风。啊，老师，您的双眼花了，把明亮的眸子给了我；老师，您的腰杆弯了，把挺直的脊梁给了我；老师，您的腿脚慢了，把矫健的步伐给了我……老师，我们永远忘不了您！

教学楼的西面是操场。六年了，我的小伙伴们，你在这里奔跑、跳跃了多少次？你把青春的汗水洒在这里，留下了永远的印记。你是否还记得，那年夏天有个黄昏，你在操场踢球，额头上有细密的汗珠，你的铁哥们给你送来一张纸巾，带来一瓶可乐，留下一个拥抱；你又是否记得，学期运动会中，你冲在跑道的第一位，耳畔只有同学们的加油和呐喊。你应该懂得，无论走到哪儿，同学们都会给你鼓励和帮助。

难忘六载，难忘今朝，难忘师恩友谊。祝我小学的全体老师和同学在以后的日子里，心想事成，一帆风顺，他日再铸辉煌！

月牙儿，待在我的梦里

殷语遥

九月中，入秋了，天气微凉。

相比较夏天的炎热，还是秋天更舒适。晚上，圆圆的月亮挂在天上，星星眨着眼睛好奇地看着大地，小区里的人较往常多了许多。火红的凤仙花一簇簇依偎，在月光照耀下就像一片朝霞，树木郁郁葱葱的，每片青翠欲滴的树叶都趴着一只月光小精灵，慵懒地打着盹儿。天空中一只鸟儿也没有，一声鸟鸣也没有，估计它们都回家睡觉了吧。只有人们的欢声笑语交织着车水马龙的喧闹声，和着月光从四面八方源源不断地传来。

石板路上，一对年过花甲的老夫妻正携手散步，调皮的月光在他们银白的发丝间跳着舞，又藏到皱纹里去。月光照耀下，老奶奶的脸上像涂了一层胭脂，显得安静、祥和。"月亮真圆啊！"老奶奶抬头望着月亮，像个小女孩儿似的有些天真地说，"是啊，年年都这么圆，像你一样好看。"老爷爷注视着老奶奶，深情地说。老奶奶孩子气地笑了，嗔怪着往前走，走远了。我依稀听到老奶奶唱起了歌儿："你问我爱你有多深，我爱你有几分？我的情也真，我的爱也真，月亮代表我的心……"

五六个小朋友在花坛旁玩耍，一个个奋力跳着，似乎要摘什么东西，可他们上方什么也没有。我走过去好奇地问："小朋友，你们在比跳高吗？"一个小男孩儿抢先答："我们在摘月亮呢！"话音刚落，一个白白胖胖的小女孩儿便指着不远处的小水塘叫了起来："看！月亮掉下来了！"跑过去一看，水塘里真躺着一个又圆又亮的月亮。孩子们围在水塘边，伸长脖子小心翼翼地看着，每个人的瞳仁里都装着一个小月亮。或许，是月亮，不忍辜负孩子们，才落入凡间的吧！

我坐在秋千上，轻轻地荡着，凉爽的秋风带着月亮的甜味儿，悄悄撩起我的发梢，我眯眼望着玉盘似的大月亮，一阵睡意涌上心头。

夜，深了，一股不可言说的静谧弥漫着。我站起身，向家走去。月儿呀，待我在梦里，与你相会。

月儿，惹人醉

孟子淏

忙碌了一天的太阳迈着小碎步轻快地向西边跑去，绚烂的晚霞把天空映得通红通红。天色渐渐暗了下来，圆乎乎的月亮羞答答地露出了半边脸庞。

月亮升起来了，红晕晕的，活像谁从东方地平线上挑起个大红灯笼。这可乐坏了孩子们，他们跑着，笑着，欢呼着，"快看快看，月亮出来了！"一个小姑娘拉着妈妈的手开心地喊道："妈妈，妈妈，你看，今天的月亮真大真圆啊！瞧，它都飞到树梢上去了！"妈妈顺着小姑娘的手向上看去："你觉得它像什么呀？""嗯——像一个超大的鸭蛋黄！啊，不对，不对，像薯片！""哈哈，你这个小吃货！"妈妈听了忍俊不禁。月亮听了似乎也乐了，努力变幻着自己的色彩，橘红、橘黄、淡黄，哈哈，好像真的越来越像薯片了。

月亮升起来了，像是刚刚脱水而出的玉轮水盘，不染纤尘。轻轻的、柔柔的月光徐徐地落到小池塘里，晚风一吹，平静的水面像抖动的绸带，上面缀满了晶莹的宝石。"我在仰望月亮之上，有多少梦想在自由地飞翔……"岸边，欢快的音乐声中，奶奶们随着节奏尽情地摇摆着，那柔美的舞姿仿佛又让她们找到了年轻时的感觉，一边跳着她们还不时抬起头欣赏一下那轮美丽的圆月，像是月亮也和她们一起共舞呢！那边打太极拳的爷爷们正沐浴着月光气运丹田，开合有序，那行云流水般的动作与风与月融为一体，一招一式都蕴含着无穷的力量。

月亮升起来了，皎洁的月光透过树杈毫无保留地倾泻下来，把夜晚烘托出一片安静和祥和。跳完舞的奶奶们一边做着高抬腿一边有说有笑地往回走，她们一定是在讨论刚刚新学的舞步呢。

月光轻轻的，柔柔的，像天使的面纱，像柔滑的丝带。此时，高楼泻下的清辉，小窗溜出的橘色灯光，与这淡雅的月色构成了一幅绝妙的画作。啊，月亮，月亮，惹人醉！

月牙儿，待在我的梦里

不要叫醒月亮

赵敏惠

夜，渐渐笼罩大地，万籁俱寂。月亮揭开白色的面纱，如同仙女下凡，温婉大方。月光下，一切透出一种隐隐约约的朦胧美。

昏黄街灯下，一对老人相互依偎，携手走着。我不禁想到"执子之手，与子偕老"。老人的脸上满是岁月的痕迹，却多了一份时光的安适。我的心不由得柔软起来。老太太露出恬静的笑容，蓦然停下脚步，她的老伴随即也停了下来。周围的树叶在风中摇曳着，沙沙作响，仿佛在述说着他们一路走来的美好。老太太仰望天空，眯起双眼，他们沐浴在皎洁的月光之中。此时无言胜有声。

看！一对母子在月光下其乐融融——他们正"趣味吟诗"呢！小男孩儿端坐在椅子上，摇头晃脑兴奋地说道："明月几时有，把酒问青天。"母亲微笑道："举头望明月，低头思故乡。"小男孩儿一下子愣住了，脑海中一片空白。母亲眨巴着温柔的眼睛，轻轻提示道："白玉盘……"男孩儿一个激灵，"哦！小时不识月，呼作白玉盘！哈，妈妈，我聪明吧？"他天真无邪地说，一边还手舞足蹈。"你最聪明！"母亲轻轻刮了下男孩儿的小脑袋，哈哈大笑。屋内，父亲已睡意浓浓，含笑望着他们，打了个哈欠。

我望着他们，一口一口品尝着香甜的月饼，月饼圆圆，又酥又香，不正是月亮的味道吗？月饼甜而不腻，沙而不散，入口即化，恰到好处。我一边欣赏着月色，一边回味着这美味。

月光下，大树被镀上一层银边。近处，高楼耸立，如同巨人一般，又如同一位位城市的守护者，高大威武，担负着使命——只有数家的光从窗户透出来了。远处，灯光昏黄，透着一种诗意——哦，这是平日里司空见惯的路灯，却在夜晚如此美好。马路上，只有零星几辆车疾驰而过，一眨眼就没了影儿。

我也有些倦了，在月光下打起了盹儿，时而抬头眺望远方，时而低头闭目休息——大概在这时候，人们都要睡了罢，月儿也要沉睡一段时间，否则明儿便不那么亮堂了。

这月儿呀，真惹人醉。它啊，让一切笼罩上一层美好，一层不可言说的睡意弥漫大地。瞧，它自个儿也醉醺醺的啦……嘘！不要叫醒它。

111

迷人的月光

于卿卿

"明月几时有，把酒问青天""人有悲欢离合，月有阴晴圆缺，此事古难全。但愿人长久，千里共婵娟。"在古代诗人们经常用"月"来寄托自己各种各样的情怀。马上中秋节了，这时候的月亮十分惹人醉。

夜晚来临，秋日的夜晚总是那么寂静。路灯寥寥，幽暗的道路上，一阵风儿吹来，把树叶吹得沙沙作响，天上的一片云散开了，突然折射出一缕皎洁的月光。路边的野花含苞待放，恐怕是被那明月给惹醉了吧！看，那一树桂花沁人心脾，那花的颜色好似专门来给月美人当陪衬的。大树们都被镀上了一层闪亮的银色。附近连一点儿鸟儿的叫声都没有，这次估计它们看到月亮后，犯了睡意，回去早早入睡了吧。那满树树叶也被那月美人染得金黄金黄的，甚至十分闪亮，在风中轻轻摇曳着。

啊，月亮下的景色惹人醉！

真以为月亮只能惹草木醉吗？那就真的太小看月亮了！一位年轻的矮个子男士正牵着一条小狗遛弯。那位男士迎着月光向前走着，不由自主地打了个呵欠，揉了揉眼睛，走起路来懒洋洋的。当他注意到了天上的明月，便呆呆地深情地注视着那月儿。那小狗也是，它虽然不知道月亮是什么，却知道那皎洁而明亮的月光，它望着那月光，像是喝醉了酒，醉醺醺的，漫无目的地走着。实然，前方来了辆汽车，那小狗叫了一声，那位男士才察觉过来，连忙牵着狗儿走向旁边，这下安全了，可是那位男士还在痴痴地望着那明月。

不远处一对母女迎面走来，那位女孩儿首先发现了明月。她好像发现了什么千金之宝似的，笑着说："妈妈，你看！那明月真漂亮！""是啊，真漂亮！"女孩儿的母亲也沉醉地望着明月说。女孩儿又说："你看，那月亮像一艘小舟，在银河里漂流，像一个白玉盘，晶莹剔透，完美无瑕。""你真聪明，那月儿真美。"母亲沉醉地望了望月亮，又慈爱地摸了摸小女孩儿的头。她们伴着那月光一直这么说下去……

我走在那皎洁的月光之下。伴着那微凉的秋风，思考着，夜，渐渐深了，月更加明亮了，我望着那皎洁的明月，也倦了，困了，而那明月依然散发出迷人的月光，那月光小精灵调皮地在我的脑海里跳着舞，我心里又涌出了一丝睡意。

秋天的月亮惹人醉！

夜色，深了。因为这皎洁的月光使秋天的夜不再寂寞了，它让万物更加美丽，更加富有生机，同时也让人沉醉。看！那月儿自己也醉醺醺的，睡着了……

真实并不是那样

徐航航

有时候，事情并不是像你想象的那样，只有到最后才会看到真相。

半夜里，爷爷的房间里传来了呻吟声，爷爷的旧病又发作了，爸爸背上爷爷，临走时，急急忙忙准备了一个红包，便送爷爷去了医院。

不一会儿，医生从病房里走出来，跟爸爸讲："老人是旧病复发，需要立刻进行手术。"爸爸答应道："好的。"随即从包中拿出了那个红包，他跨步上前，将红包塞进了医生的衣袋中，随即再退回来，爸爸对医生笑笑，医生朝我们点点头，转身进手术室了。

手术室外的墙上贴着标语："救死扶伤是我们的责任，我们不接受红包！"我指着墙上的标语，向父亲询问道："这样，恐怕不太好吧？"父亲拉着我在一旁的座椅上坐下，叹了一口气："现在真的白衣天使已经很少见了，我不给他红包，我不放心啊。"

很快，医生从手术室中出来了，他一脸的疲惫，看见我和爸爸连忙起身，笑道："病人已经没事，这几天要注意一下饮食。"看着他灿烂的笑容，我不禁感到了一丝的恶心，我把头扭过去，临走时，医生还在我的肩上拍了两下，再次看向墙上的标语和那标牌下的一群医生，我感到了莫大的讽刺。

哎，什么"白衣天使"？什么"救死扶伤"？一切都是骗人的，想到自己以前曾写过一篇赞美"白衣天使"的作文，不禁有些后悔，他们明明就是装扮成天使的恶魔。

几天后，爷爷可以出院了，当爸爸去交钱的时候，我们意外地发现，钱已经被交了，就在我们百思不得其解的时候，爷爷的医生拍了拍我的肩，"是你们红包的钱，里面还余了一百多。"说着他从口袋中拿出了那个爸爸给的红包，塞进爸爸的手中，严肃地说道："救死扶伤是我们的责任，我们不接受红包！"

他冲我们点了点头转身走了，我惊愕了，没想到真实的情况竟然是这样的！

我不禁为我之前的想法感到愧疚，看来，有些事到最后才会看到真相！

意料之外

李 航

"马老师，你最近小心点儿。"

一句平淡无奇的话，写在"一张更是普通的作文纸上"，但是它却在老师心中激起了千层浪。马老师可是校长的得意门生，是五年级的年级组长，更是有二十几年经验的老教师，年级中的前几名都在他的班上，他教的班级学生不仅成绩好，而且个个思想品德也优秀。可是，眼下……

一位教师捡到了这张纸条，有些不知所措，她没有告诉马老师，而是交给了校长，校长看到了之后，心中一惊，他紧缩眉头，一遍又一遍地看着这张字条，突然他猛地站起身，快步走向办公室大门，就在他的手握上把手的时候，他又停住了，就像一个木桩定在那，一动不动，随即，他像一个泄了气的气球，瘫倒在一旁的沙发上。"叫马老师来我的办公室，"他通知办公室。

马老师一进门，校长把那张纸条递给了马老师。"马老师，你最近小心点儿。"马老师一下愣住了，他感到自己的血直往心头上涌，他犹如被浇上了一盆水，刚才的兴奋已荡然无存，他又感觉自己用二十几年经验砌起的厚实的墙，在这句警告面前显得那么苍白无力，就像一张白纸一捅便破，他抓住字条的手有些颤抖，甚至嘴唇都有些发紫，颤巍巍地走出了校长室，仿佛老了十岁，回到自己的办公室，再次仔细地看这张平淡无奇的纸，细心的他发现这正是昨天放学留下来的班级后进生小景写的字。

小景站在马老师的面前，有些不知所措，"这是不是你写的？"马老师压住心中的愤怒，强摆出温和的姿态。

"嗯。"小景低着头，小声地说着，他的手紧紧地攥着衣角，一时间，老师们都盯着这个学生，小景衣着干净，整洁，完全跟那句警告挨不上边。

"老师，我看你昨天找我时嗓子有些沙哑，而天气预报又说有冷空气，我想……我想让你注意身体。"

这一句话突然让办公室安静了下来，老师们的目光都聚集在这位学生身上。马老师笑了，两眼闪着泪花。

115

月牙儿，待在我的梦里

马老师给小景整理了一下衣服，摸着他的头说："好孩子，谢谢你！"

一切都在意料之外。

桥

杨嘉丽

有一种桥，它既不是用木头构架，也不是用钢筋水泥连接，更不是横跨在河的两岸，但它却能跨越时间、知识、情感的距离。

不知道什么时候，总觉得爷爷落伍了，跟不上时代了。说什么流行词语也听不懂，还在用一部早已被年轻人淘汰多年的旧手机。

看着他花白的头发，我经常是无奈地摇摇头。

终于有一天，他买了一部智能手机，因为家里人都觉得他该和大家一样拥有新款的手机。然而，我回家时却看到他握着手机发呆，询问原因，他不好意思地挠了挠头，说："不知道怎么开机。"我听了直接笑出声来，手一挥，"我来教你。"俨然一个大师的样子。

"开机是这个短的键。"

"啊，懂了，我试试。怎么没打开啊？"

"长按！啊哟喂。"

"哦……"

"开机了，然后呢，怎么打电话，怎么发短信呢？"

"这个绿的有电话样子的是打电话。"

116

"哦……我看看啊。"

"哎哎，那个是视频电话！"

……

一个半小时下来了，手机的大部分功能还是没有弄懂，我的耐心也早已透支了。

"你自己慢慢弄！"说罢，我走向电视机前。

爷爷摇了摇头，把手机放好，叹了一口气，向门外踱去，自言自语："哎，果然是老头喽。"

轻风吹来，撩动了他花白的头发。看着这情景，我竟然有些莫名的辛酸：小时候，爷爷把我带大，给我最好的东西，是那么疼爱我；我长大了，经常进城来看我；我生病了，第一时间赶到……我却这样没有耐心。

我不该这样对待爷爷！

我急忙追出门去，"爷爷，我继续教你，相信你一定能学会！"他诧异地盯着我，而后默默地笑了。

我们与长辈并没有不可逾越的鸿沟，只是有的时候，我们应将耐心化作桥，引领他们不断适应新的变化。

那件小事真不小

戴之华

在人生的长河中，记忆是当中泛起的浪花，而浪花溅出的小水珠

月牙儿，待在我的梦里

有时会在太阳照耀下永远熠熠生辉……

太阳在外面烘烤着大地，教室里十分燥热，没有一点儿风丝。

我疲倦地趴在桌上，看着老师在讲台上手舞足蹈地讲解着题目，可恶的老师，竟然以不开电风扇来要挟我们。这时，一只小鸟从窗外闯了进来，我立刻坐起身来，周围的同学也睡意全无，都观察起这只小鸟来，这只小鸟长着一身黄色的羽毛，褐色的羽翼扑扇着，在教室里飞翔，十分可爱。

小鸟或许也是觉得外面太阳太毒辣了吧，可是，教室也很热啊，我看着这只小鸟，无奈地笑笑，同学们都惊奇地盯着它，小鸟也许意识到了危险，在教室内急促地乱飞了起来，似乎要出去，可惜它一次又一次地撞在了窗户上，喙与玻璃撞击发出刺耳的"啪，啪"声，它不断地尝试，从左边飞到右边，从前面又飞到后面，回应它的只有"啪，啪"声，我有些心疼。

下课铃突然响了，接着教室瞬间沸腾了，巨大的声响把鸟儿吓得飞到一根电线上，一动也不敢动，同学们叫着开电风扇，开电风扇的同学犹豫不决，看着在电风扇上方的鸟，又看着自己身上的汗，他闭着眼把电风扇调成了最大，风儿向同学吹来，可我的那颗燥热的心始终不能平静。我一脸担忧地盯着小鸟，小鸟惊慌地又乱飞了起来，它在气流当中艰难地飞着，不停地扑扇翅膀，看得出来，它十分累了，"啪"又是一声，这一声像一把利剑插进了我的胸口。

"关电风扇！"我向开电风扇的同学吼道，可是，已经晚了，小鸟向下坠落，坠向电风扇的叶片……

"呀——"一声惨叫，教室安静了下来，上空飘下几根羽毛，羽毛上带着点点血迹，一团血肉模糊的东西飞出了窗外，我站起身，看着草地上那惨不忍睹的小鸟尸体，我的心脏好像被一只大手捏住了，回过头，发现同学们依旧谈笑风生，而开电风扇的同学还闭着眼，惬意地吹着风……

小鸟死的情景，一遍又一遍地在我心中回放，一件小事，在人性的角度上可真不小，值得我深刻地反思。

窗外好像起风了，带着血的羽毛在空中飘着……

成长的记忆

黄启之

我家藏着一把伞，这把伞不大，仅容得下一人，它却记录着岁月的流逝——它已经由原来的蓝色褪成了白色。

小时候，每逢下雨天，爸爸总会撑着一把蓝色的伞来接我，我的头顶是一片雨天，身心都被笼罩于一片蓝色之中，目光所及也是一片蓝色无雨的天空，没有寒冷无情的雨滴，只有安全与温暖，这把伞能让我因雨而焦躁的心得以平静。

记得有一次，下大雨，我和爸爸走在回家的路上，爸爸撑着伞，我无意间发现伞柄有些倾斜，抬头望去，我惊讶地发现爸爸的右肩已经全部湿透，他的头发也被雨水打湿，顺着他的脸向下滴着水，他右边一半的身体全部暴露在外面，任由雨水的冲刷。

"爸，伞歪了。"我提醒道。

"没有，伞没有歪。"

雨好像大了些，水滴从他脸上滴落的频率也越来越快。

"伞真的歪了。"

"没有，伞真的没歪。"

看着身旁高大的父亲，我似乎明白了什么。

那伞一直伴随着我从幼儿园到小学，岁月使它慢慢地褪去了颜色，而我也在成长，我已经长得与父亲差不多高了。

"咳！"我的思绪被打断。

"儿子，伞歪了。"爸爸看着我已经湿了的左半身提醒道。

"没有，伞没有歪。"

"伞真的歪了。"

"没有，伞真的没歪。"我看着父亲笑道。

父亲低下了头，默默地走着，他的步子有些快了，我似乎看到晶莹的水珠从他脸上划过。

一滴雨水滴入了我的眼睛，我的视线有些模糊了，过去的场景似乎和现在重合了。

我也加快了步伐，把伞高高举在爸爸的头顶之上，生怕雨水淋湿了爸爸。

在我成长的旅途中，那把伞从未缺席！

风景在路上

张驰骋

在艰辛的成长历程中，总会有一种美丽让你觉得坚持走下去是一种幸福。

一路上，我摘到过白花，拾起过绿草，摸到了阳光。

小时候，或许是三五岁也许是更早，那一次我半夜里发烧，爸爸赶紧带我上医院挂点滴，当时的我无助地趴在他的背上，到了医院，那阴郁的气息与药物的味道到处都是。手背上多了一根针后我就躺在椅子上，抬头看了看父亲，看到的是他焦虑的眼神与眉心的那颗疙瘩，哦、不！那是他紧缩的眉头，他用大手轻轻拍了拍我的脸，温暖通过手似乎一瞬间流经了我的全身。"你先睡吧。"他说道。因为疲惫，我合上了眼——这是我对父爱的最初印象。梦里面，我置身在一片花海，我俯下身子，摘下了那朵和父爱一样纯洁无瑕的白花。

小学四年级，我在骑车时一不小心把手跌断了，做了手术，心情跌到了最低谷。一次向走廊看去时，看到一个个护士都放下手里的活向后看去，我也十分好奇，从床上下来一起观望，一声声摩擦音在静悄悄的过道里回响，原来是一个看上去和我差不多大的病人，两只手撑着手架，拖着那条绑了石膏的腿，一步一步地走着，一趟一趟地走着。我被惊呆了：一条腿才绑了石膏的人竟然尝试走路？可是转念又想，一条腿断了的人尚且能够积极面对，我又有什么理由不振作起来呢？闭上眼，我仿佛看到了那充满生机的满地的青草，我拾起一根，放在手心里，对它充满了敬意。

升了五年级后，我感觉浑身上下都似乎有使不完的力气，整个楼层都在向太阳喷吐着磅礴的活力与朝气。一次上体育课，我们班组织和邻班打局比赛，我有幸参加。刚开始比赛，我们一次次地抢到了球，可是却一次次地没有投进，比分的差距慢慢地扩大，迫不得已叫了一次暂停。"我们应该讲究团队配合，多传球！"之后，我们重新拾得了信心，依靠着团队的力量取得了胜利。成功的喜悦袭上心头，第一次体验到了年少的美好，无意间抬头看见了太阳，阳光温暖地照耀着我，我手捧阳光，笑得十分灿烂。

一路上，关爱、生命与活力与我相伴而行至此，我将铭记这些成长之路上的"风景"，继续领略更多的风景。

月牙儿，待在我的梦里

雨声温暖了我的岁月

沈　萍

下雨了，我看向远方，透过烟雨朦胧的空气，又在等着她为我送来雨伞，可是她还没来。

从我上幼儿园开始，我就从来不带伞，因为我总是会把它弄丢。每次下雨，妈妈都会到班级门口接我，撑起伞把我"护送"到家。上了小学，我开始自己带伞，但是她依然会过来，和我一起撑着伞走到家。再大一点儿，我怕别的同学笑话我，就让妈妈不要再到学校里接我了。她问我为什么，我回答："就是不要！"

从那以后，妈妈真的没有和我一起撑伞，心里一阵解脱。

我等着等着，一丝不耐烦从心中升起，开始责备自己今天早上为什么没有带伞。可是，回应我的，只有淅沥的雨声。

看着周围和我一起躲雨的同学陆续被接走，我心里很不是个滋味，心想：我的妈妈在哪儿？她不知道我没带伞吗？

就在我准备铆足了劲儿冲出校门时，我看到了吗悉的身影：她一手撑一把伞，另一只手还拿着另一把，一瘸一拐向我走来。

雨声越来越大了。

"对不起啊，我才从外地赶回来，等了多久了？"妈妈满怀歉意地对我说。她那脸上的皱纹不知为什么越发显得清晰，发丝上沾着许许多多的水珠、镜片上一片水雾。我心里一阵无名的疼痛。"没事，我才出来的。"我回答道。她着急的脸色似乎舒展了一点儿，把伞给我，又径直向大门走去。

她的裤子是湿的，膝盖上还沾着泥……

我瞬间就明白为什么她走路一瘸一拐的了，应该是她怕我等得太急而跑快了，结果摔了一跤。

我追了上去，笑着对她说："妈，我们一起走吧！"她愣了一下，而后又开心地点了点头。

出了校门，雨声听不到了。

我把伞收起来，看到迎面走来一对母子，儿子大概刚上幼儿园吧，那个母亲还在撑着伞，我们从他们身旁走过，我想起了妈妈为我撑伞的情形，泪水从我眼眶中涌出，看着旁边的母亲，时间似乎又回到了从前……

灰色的云朵消失在了天际，悄然带走了心头的不快，现在每当听到雨声，就会有一股温暖袭上心头。

123

难忘那眼神

张瑞琪

窗外是浅青色的黎明，残余的夜色不忍褪去，草木在期盼着新的一天，情意浓厚。

窗外的空调机传来"轰轰"的声响，我翻了下身，天空已出现了鱼肚白，我伸了个懒腰，慵懒地踱进厨房，妈妈正在忙碌，额头上布满了细密的汗珠。"起来啦，快去洗漱，我可熬了你最喜欢的绿豆粥。"

匆匆洗漱，回到厨房，发现妈妈后背上的汗已经把衣服浸湿，她拿着扇子坐在凳子上，不时地擦去头上的汗，喘着粗气，看见我来了，连忙端起一旁的碗，我的目光立刻被这一碗粥吸引住了。

像绿宝石一样的豆子散落在碗中，好似散落在银河天际的点点星光，白米清香软糯，我迫不及待地抿了一口，味蕾顿时舒展开来，仿佛畅游在"接天莲叶无穷碧"之上。我再细细地品尝了一口，睡意全无，精神焕然一新。

我风卷残云地吃掉了一碗，舌尖在口腔中回味着残存的米粒，闭着眼睛，沉浸在那种特有的意境当中，满怀欣喜地张开眼睛，发现妈妈已在一旁的椅子上睡着了，不时有豆大的汗水从她脸上划过，她的嘴角还带着一丝的微笑，看她疲惫的样子，我不禁有些心痛。

我轻轻地起身，生怕吵醒了她，可惜筷子不小心撞到了碗壁上。"啪"，清脆的一声轻响，可在我听起来却像打雷一样，我担心地看着妈妈，妈妈伸手拭去了脸上的汗珠，疲惫地睁开眼睛看着我空空的碗，她手撑桌子爬起身，不由分说地又给我盛上一碗。

"今天上课要认真听啊，听说你昨天又被叫了站到后面去的。"我顿时涨红了脸，抬起头，看到妈妈的眼神，那布满血丝的眼睛映射出她的疲惫，而又充满着担心，没有任何的语言，却又胜过千言万语，我又从中感受到妈妈对我的无限希望。我低着头，再去品味那一碗粥，我品味出的不仅是美味，更是一种浓厚的爱意……

此时，心里流淌着潺潺的乐章，情意浓浓暖到心底，妈妈关爱、期盼的眼神，让我铭刻在心。

翅　膀

杨欣茹

我一睁眼，目力所及之处全是枯松绝壁。"这是哪儿？我不是在睡觉吗？"我心中充满了惊奇，后背有异样感觉，向后一看——天哪！我竟然长出了一对翅膀！细细看看，这是一对美丽的翅膀，紫色绚丽，其中还点缀着几个灿金色的光点。我试着轻轻一扇，结果我便腾空而起，从未有过的兴奋充满了全身。我不停地扇着、扇着，体会着那种人类无法感受的喜悦。

天色暗了下来，狂风挟卷着乌云来到了这片山间，刹那间，电闪雷鸣将我环绕，我试图飞远，可是它们总会找到我，倾盆大雨一下子全部落了下来，将我那对翅膀浇湿。起初还能够继续飞行，可是随着天色越来越暗，翅膀也越来越沉重，只能像人一样受到地心引力的控制，向下跌落。

一次次拼命地扇动换来的只是雨水更加猛烈的打击，不断向深渊跌落。我呼喊救命的声音，无奈在山谷中悠悠地回荡；一回回不屈的抗争，得到的只是暴风雨更强大的回应。四周的枯松在暴雨中似乎低下了头，万壑之中充斥着雷鸣的回响，泪水从脸庞滚落，混在雨滴中，我显得孱弱和无奈。

意识逐渐陷入了模糊的深渊——

是要死了吗？要和这个我熟悉的世界告别了吗？

再见，爸妈！别了，朋友……

不能这样！要勇敢面对，要坚持活下去！远处一个声音在不断鼓励我。

是啊，我还有许多话没有和爸妈说过；我还没有让他们享受过天伦；我还有无穷的汗水没有和朋友一起挥洒；我还没有把这个我深爱的世界看够！

我睁开了眼，以前所未有的力量扇动着翅膀。无惧那电闪雷鸣狂风暴雨，纵然天地间一片混沌，可是我的心中依旧有一片光明……

我睁开了眼，看到的是熟悉的一切：床、窗户、桌子。

原来是一场梦！

当我们遇到无法战胜的困难时，让我们将它化为腾飞的翅膀，去迎接暴风雨的洗礼。

126

一棵樱桃树的光芒

朱志耀

"轰隆隆"雷声轰响，一道闪电划破了黑色的天幕，我心急如焚，来回踱步，希望大雨早点儿收场。

总算雨小一点儿了，我不等雨停，打着伞，匆匆跑了出去，看见那棵樱桃树依旧挺拔在那儿，我松了口气，心中的那块大石头终于放下了。走近前去，经过大雨的洗礼，它仿佛更加精神了，碧绿的叶片随风摇摆，仿佛在嘲笑我怎么像个落汤鸡一样啊！一阵喜悦笼上心头。

原来经历了风雨才能见彩虹的道理连树也懂啊！

这棵樱桃树原来生活在大棚外，它看到大棚里的樱桃树都快乐地生活着，无忧无虑，不愁吃，不愁穿，夏天天气炎热，骄阳似火，大棚为它们抵御阳光，冬天天气寒冷，寒风刺骨，大棚为它们提供温暖。所以它们一个个长得又高又大，结出来的樱桃又红又甜。可是它自己在外边却长得矮小，结的果子也又少又酸，它不被重视，天天就孤独地生长着。

前不久有一天夜晚台风来袭，大棚被掀翻，那些本来高大的樱桃树全死了，唯独这棵在大棚外孤独生长的小樱桃树存活下来了。为什么呢？明明其他的树长得又高又大，却没有存活下来，反而这个矮小的树存活下来呢？这个疑问一直困扰着我，每次经过它我都会想。

后来才明白，树的生长是先往下长，先长根再去壮大枝干的，而人们为了一己私利，改变了树的生长规律，那些高大的树木不过"金玉其外，败絮其中"罢了。树自己扎根是一个经历困苦的过程，但是只有经历这种过程，才能够真正地生存下去。去生长枝干，结出来果子。矮小的樱桃树应该庆幸，正是因为人们的"忽略"，它经历了艰苦的扎根过程，才得以生存，但是，它经历的这个艰苦的过程，其他的树是想不到更是做不到的，因为它们一直享受着特殊的优待，可是，当遇到突如其来的变化，也就很难生存了。

树是这样，人也是这样，只有经历了风雨才能见彩虹。

雨停了，太阳照亮了天空，天上出现了彩虹。

看着这棵樱桃树，我知道我以后应该怎么做了。

月牙儿，待在我的梦里

相　遇

张丽丽

外出登山，与他一次相遇，收获了满满的温暖。

在登山途中，我仿佛是被轰然而至的洪流击倒，全身无力地蜷缩着，任由恶心与疼痛将我扭曲，滴出了涔涔冷汗，天上的太阳更是讨厌，仿佛知道我不舒服似的，变本加厉地欺负我，要把我身上的每一丝水分都蒸干似的。

"再忍忍吧，都快要到山顶了，而这前不着村，后不着店的，你还能怎么办？"妈妈重复着这苍白的话语，我躲到一棵大树下，盯着脚底石板的花纹，希望借此分散注意力。

"这娃子怎么啦？怎么不上山看风景呢？"陌生的语气，但听得出来这是个农民，是当地的口音。

"孩子昨天就有些不舒服，今天上山天气又炎热……"这时，我嘴中泛出了苦水，感觉胃部在翻腾，似一头巨兽要冲出摇摇欲坠的铁笼了！觉得太阳摇晃，我一阵眩晕，差点儿翻倒在地，山民一个箭步冲上前来，看到我如白纸一般的脸上豆大的汗珠不断冒出，他喊道："孩子要吐，去我家！"他手掌握住我的手臂，手掌布满老茧，很有力量，给我安全感。我跌跌撞撞地跟随着那道不算高大的身影，他匆匆地跑着，匆匆地打开门，又匆匆把我引进洗手间……

"哇——"一阵昏天黑地过后，我终于得以喘息，我这才好奇地打量屋内，陈设有些凌乱，但却也干净，他竟这么地走了，将两个陌生人留在家中，我不禁有些惊讶与愕然。

　　"来，这是红糖姜汤，小地方只有这种土方法，但效果很好。"我一抬头，便与他的笑容相迎，他的笑容是如此的灿烂。

　　阳光从他鼻尖的汗珠中滤过，折射出七彩的光，虽然他比我还稍微矮了一点儿，但我觉得我需要仰视才能看到他。从他手中接过那粗糙的土碗，碗边上还有一道裂口，我小心翼翼地捧着它，就像对待一个价值不菲的古董，仰头，任这温暖的液体在我体内流淌，永远地存在我的血液中……

　　一次相逢，永远温暖！

微　笑

史嘉怡

129

　　有的时候，想让一个人记住你，无须千言万语，也无须惊天动地，其实只要轻轻一个微笑，就可能在心中刻下永不磨灭的印记。

　　傍晚时分，我正在抱怨：天下这么大的雨，连我的鞋袜都全部湿透了。望一眼灰色的天际，我无可奈何地低着头，继续寻找能载我回家的车。就在这时，后面射来一道亮光，我回头一看，心中大喜：终于有一辆出租车了。我急忙拼命摇着手，示意让他停下，可是他只说了"交班"二字，就溅着水花离去了。我的心没有了希望，只能继续冒着大雨向家走去。

"小朋友，上车吧！"一个声音又使我向旁边看去，不禁大喜，又是一辆！我拉开车门，坐了上去。司机朝我微微一笑，问过我去哪里之后，便利索地开车了。

我悄悄地打量他：一身夹克，戴着一副白色边框的眼镜，极其普通。可是，在我的眼里他却很特别，在雨夜里，他让我有了避雨的场所，内心充满了感激。

车飞快地在雨中前行。

"你上几年级了？"他问我。

"五年级，"我小声答道。

沉默了。

过了许久，他又说："我有一个外甥，也上五年级。"

又是一阵沉默。

前面的车子黑压压一片，显然是遇到堵车了，看到离我家也不算远了，我便把钱付了，准备先下车。他在找零的时候，一枚硬币滑落到车凳下，他急忙用手在凳子下面摸索，可是没有收获，后面的喇叭声响成了一片。

我说："一块钱而已，不要了。"说完便急忙从车上跳下去，向家跑去。看到车流不停地向前进，谁都不想多停留一会儿，小区的大门就在不远处了，终于可以到家了，心里一阵喜悦。就在这时，一辆车在我身边停下，车窗摇下，竟然是那个司机，他朝我微微一笑："硬币，我找到了！"看着他那一抹微笑，我感动地接过了那枚硬币。

雨夜里的微笑，使我感到温暖，让我终生难忘。

为幸福点赞

　　记得小时候，幸福很简单，点着一盏床头灯，轻轻地倚在妈妈的怀里，用两只手托着一本百看不厌的童话书，在妈妈轻声的阅读中，缓缓入梦，偶尔碰到几个特别熟悉的故事，便催促妈妈快点儿读到那最精彩的章节，在听到那大快人心、幸福而圆满的结局后，就是我心中一份最大的满足。

为幸福点赞

王泽睿

幸福是什么？

幸福是藏在生活的每个角落里的情愫，只要我们具有一双慧眼，生活便处处充满幸福。

小孩子的幸福往往是回荡在公园里的笑声，是和家人共处的欢乐时光，幸福的味道就像蜂蜜一样甜香；懂事之后，幸福就成了朋友对自己的支持，成了那充满活力的声援，幸福的感受就是一种力量。

记得小时候，幸福很简单，点着一盏床头灯，轻轻地倚在妈妈的怀里，用两只手托着一本百看不厌的童话书，在妈妈轻声的阅读中，缓缓入梦，偶尔碰到几个特别熟悉的故事，便催促妈妈快点儿读到那最精彩的章节，在听到那大快人心、幸福而圆满的结局后，就是我心中一份最大的满足。

长大后，常常给我带来幸福的，是身边的几个挚友。生活中有了他们的插科打诨，一切都是那么的欢快和明朗。而当我遇到困难时，他们总能为我声援，让我及时摆脱困境。

有一次，我从家里带了只篮球到学校玩，在一堂体育课的酣战之后，我抱着球和几个朋友勾肩搭背往回走，不料，半路上被体育用品管理员叫住了。

"你们想把学校的篮球带到哪儿去啊？难道不知道学校的篮球是不能带出操场的吗？"管理员叉着腰说。

"不是的，这是我们自己带来的球，老师你误会了。"章明抢着为我解释原因。

"自己带来的？你们不要撒谎，再不承认，我叫你们体育老师来！"管理员一脸狐疑。

"老师，你去查一下借球记录，今天我们班只借了三个球，全还回去了。"陈庆是体育委员，说话自然有根有据。

"对呀！"其他人立马起哄。

我的内心充满温暖。

管理员一查记录，便一声不吭地放我们走了。

我们几个人走在操场上，章明故意过来狠狠拍了拍我的肩膀说："你看你，带个球也会出事情，下次我带，行了吧？"

我看着他，把刚才幸福的声援，储存心底。

正是这生活中满满当当的幸福，给我生活涂上一层美好的底色，我衷心为这生活中的幸福竖起大拇指。

133

菜　园

杨月月

当科技的神奇无处不在时，咏唱归隐的声音便逐渐消失；当世界浮华喧闹一片时，唯有清风撩起树叶的声音在无奈叹息。

炎热的暑假，我来到爷爷家消暑，一天下午，闲来无事便跑到爷爷的菜园子里去，隔着几十步就一眼看到爷爷在弯腰干活，我飞也似的跑过去，突然被什么绊了一下，摔倒了，我不顾疼痛爬了起来，向身后一看，原来是浇水的瓢，我恨恨地拾起准备将它砸毁，爷爷正巧赶来，制止了我，又检查了我有没有受伤，心疼地说："你不好好在家待着跑这来干吗？快回去！"我似乎理所应当地说："下来玩啊！"爷爷一遍一遍催促我回去，可我就是不听，最后拗不过我，只好让我待在这儿，但不许捣乱。我满心欢喜地答应了。我就像刘姥姥进了大观园，看什么都好玩，这里踩踩那里拔拔，埋在地里的小山芋也被我挖了出来，爷爷心疼得直摇头，但只是提醒我小心别摔了。

折腾了一个下午，夕阳的余晖洒满了整个园子，一切都被镀上了一层橘红色的光影。

我早已满头大汗，而爷爷却依然气定神闲地干着活儿，他似乎总有干不完的事情，拔草、翻土、浇水、施肥……在这酷暑里，按照常理应该汗流浃背才是，我好奇地问："爷爷，你不热？"他听了，微微一笑："心静，自然凉。"我似懂非懂地点点头。

夜幕渐渐降临了，一声声蝉鸣敲击着我耳膜，有一种说不出的感受正在酝酿。爷爷忽然抬头，呼出一口气，说："走吧！"我也正想回家，便乖乖地跟在他后面。看着爷爷稳健的背影和肩上扛着的那把锄头，听着那悠远的蝉鸣，心中似乎有一种满足在澎湃，回望那块地，一株株植物在夜幕下摇曳着身姿。一切都是那么安静和美好。

若干年后，直到我一次读到陶渊明的诗时，那往昔的场景又一次浮现在我眼前，我仿佛看到爷爷和陶渊明一样的身影，慢慢悠悠地走向家中。

人们总希望生活在无限广阔、热闹非凡的世界之中，但是常常把心丢在"菜园"之外，因而，很难享受"菜园"般的乐趣与宁静。

为他的坚持点赞

樊禹辰

太阳的余晖洒向大地，照在那瘦小而又坚定的背影上，而他所说的话依旧在我耳边回荡："我一定要找到他！"

三天前那个夏日炎炎的下午，太阳散发着明晃晃的光芒，大地随着阳光的照耀越来越热，我所在的那个小区似乎变成了蒸笼。

我独自一人漫步在小区公园里的一片树林之中，躲避着太阳散发出的一波波热浪。突然，从前方急奔来一个瘦小的孩子，跑到我面前就抓住我的手，如释重负地说："我总算找到你了！你的东西还你！"我正丈二和尚——摸不着头脑时，他突然把手里的一部iPad塞到了我的手上。我愣了半晌，很肯定地对他说："小朋友，你认错人了，我没有丢东西。"一边把iPad还到了他手里。他听了我的话后先是一顿，然后是一脸茫然，自言自语地说："难道之前坐在我旁边的人不是你？不可能呀……"

从他的自言自语中我知道了事情原来是这样的。下午两点钟左右的时候，他在我们小区公园的凉亭那里看书。当时有一个和我穿着一样的人在凉亭里玩iPad，身材也和我差不多。当他看书累了抬起头时，发现旁边的人已经离开了，但iPad还静静地躺在坐凳上。刚开始他认为那个人会回头来拿，他就一边看书一边等，但大约过了一个多小时，还没有看见那个人回来。于是他决定到公园的其他地方来找，便发生了刚才的一幕。

他大约七岁左右，瘦小，满头大汗，背后的衣服都湿透了，一脸的着急。我一阵感动，很认真地对他说："我也来帮你找找吧。"他先是一愣，然后对我开心而坚定地点了点头。我就这样加入了寻找失主的队伍之中。

我们认为失主肯定也住在附近，我跟在他身后，向遇到的每一个人描述失主的样子，打听有没有看到或者知道点儿线索，却毫无收获。于是到周围小区寻找。下午三四点钟的太阳毒辣辣的，我们在太阳下来回奔走寻找，我真想放弃了，但看到他的样子就说不出口了，更不要说他还比我小。只见他头上的汗水从稀疏到密集，从芝麻大慢慢变成大豆大小，再一个接一个地砸到地上；他的脸被晒得红彤彤的。

转眼就过了六点，天边的火烧云把天空都染红了，他的脸显得更红了。我泄气地对他说："肯定找不到了，把iPad交给警察叔叔，我们都回家吧。"他想了想，叹了口气，坚定地摇了摇头："不！我一定要找到他！"他迈着十分坚定的步伐向另一个小区走去。

望着那被夕阳染成了金色的坚定的背影，我感到有点儿失落的同时，悄悄为他竖起了大拇指。

只要灯光还在

周玉家

暑假的一天，我和几个朋友在外面疯到大半夜才回家。坐在车上朝外看，黑黢黢的，通往小区的路上，连个人影都没有，心中充满了不安。

车刚停，我便打开车门飞奔出去。空气中若有若无地飘着毛毛细雨，天空如笼上了一层烟雾。我从一栋栋楼房中穿梭着，凭借着一点儿微弱的灯光，走在回家的路上。远方传来一阵阵狗吠声，使我有些胆战心惊。我闷着头一个劲向前跑，直到看到了自家的门牌，心才缓缓落了下来，看看左右人家的房子，只有我家门外还亮着灯。

我从口袋里掏出钥匙，将它插进锁眼。灯光洒落在我的T恤上，让我的记忆回到了从前。

小时候，有一次去朋友家玩，回家迟了，走在昏暗的小区小道上，我连东南西北都分不清，一路上跌跌撞撞，无助地喊着妈妈，那时小区还是新建的，左右的房子大多没有住人，路灯也很少，一个人在一个花坛旁哭了大半天，最后，母亲打着手电筒出来，才在小区里找到了我。从此，每当我出门时，妈妈总习惯给我留盏灯。

长大后，父母还是习惯给我留一盏灯。害怕走夜路的我，每当看到家门口亮着的灯，心里就多了一份踏实。到家里，客厅的灯也总是亮着，父母总是躺在沙发上等着我，直到看见我回家了，关切地责怪两句，才回房休息去。

想着一幕幕的往事，我上了楼，屋里静悄悄的，我卧室的灯却亮着。打开房门，换洗的衣服早已叠得整整齐齐。上面放着一张便签，是母亲的笔迹：

"早点儿洗洗睡吧，以后记得早点儿回家。"

悄悄打开父母卧室的门，朝里面轻轻道了声晚安，刚转过身，却听到母亲的声音："晚安。"原来妈妈还在等着我。

现在，我已很少晚归了，怕父母放心不下。因为我知道，只要灯光还在，父母就会一直在等我回来。

我想走进书里

陈宇轩

　　秋日的夜里，拉开窗帘，让浸润着星光的微风透过窗口的空隙。点一盏淡定的灯，泡一杯清雅的茶，轻轻翻开那些许褪色的封面，我缓缓迈进文字的疆域。

　　走进鲁迅的小说，悄悄跑过乡下的田地，借着微弱的月光顺着野草伏倒的痕迹，我一点儿一点儿向前迈进。风把细小的交谈声吹入我的耳里，我抬起头向不远处望去，两个小孩儿肩并肩地正往我这走来。我赶忙弯下身子，屏住呼吸，默默地注视着他们。忽然，一声清脆的"迅哥儿"传到我的耳里，我吃了一惊。眼见其中一个孩子皮肤黝黑，脖子上的银环在月色下发着亮光。那莫非是闰土？旁边那个，难不成是迅哥儿？他们是去偷瓜吗？我又惊又喜，悄悄起身，跟着他们向前走去……

　　跳出鲁迅的记忆，我又循着龙应台书中的小径，走到了异国他乡的小镇里，望着四周不同的风景，我只得混在人群中向前走着，不知不觉，一个推着婴儿车的女士出现在我眼前，她缓缓地向前走着，每一步都走得很稳、很扎实。车里的婴儿把他那肥嘟嘟的脸蛋儿伸出车外，四处寻找着，张望着，时不时用细细的、软软的声音问这问那，妇人笑着回答着他，声音也很软很轻。

徐徐的微风吹过，轻抚着婴儿车里小孩儿棕黄色的小卷毛，掠过孩子妈妈乌黑亮丽的发梢，空气中似乎弥漫着一股不知名的花香。是春天吗?天空似乎才被雨水冲洗过，碧蓝如水。孩子妈妈稍稍停下了脚步，享受着明媚的阳光。小童把头伸出婴儿车外，清澈的大眼睛里盛满了清澈的天空。这时，孩子妈妈用手轻轻拍着小童的卷毛，轻轻地，像哼唱一般地说着："草长莺飞二月天。"紧跟着车里传来含糊不清的声音，原来是孩子有意无意地学着母亲。

"拂堤杨柳醉春烟。"

"儿童散学归来早，"

"忙趁东风放纸鸢。"

孩子妈妈已陶醉在这诗情画意的春天里了。"妈妈你看狗狗，狗狗!"小孩又惊奇地叫了起来，打断了妇人的思绪。孩子妈妈推着车，稳稳当当地向前走着。下午的阳光洒在路上，浓得像花生酱一样。

合上书，把头倚在椅背，慢慢地，把那不同寻常的记忆，一条一条地理顺，并永久珍藏在心底。

139

我的一次选择

段春敏

在人的一生之中，每个人都要做许许多多的选择。有的选择可能会害了你，有的选择可能会帮助你，有的选择可能让你走向成功。

在我三年级的时候发生了一件事，这件事虽已过去了很久，但是，它依旧深深地印在我的记忆里。那是一个冬天的早晨，老师上完早读课，就夹着一大摞试卷进来了，大家见到这架势顿时不安了起来，教室突然安静了许多。老师走近讲台，把卷子放在了讲桌上，之后向我们露出了谜一般的微笑，我却像坠入绝望的深渊。老师说："今天考试！"我们先是愣了几秒钟，随后便开始哀号起来，有些人还愤愤不平地拍着桌子。

可是，这一切都改变不了要考试的事实，卷子还是发到了我们的手上，我一看卷子几乎绝望了，还没来得及复习啊；看看同桌，他的脸色苍白，顿时感觉自己的头脑一片模糊。时间飞快地过去，我好不容易把卷子中会做的题目都赶完了，结果发现手心已全都湿漉漉的了。但试卷上还有几道古诗词填空没有写，怎么也想不出来。

这时我抬头看老师，发现他正在专心致志地备课，心里似乎有个声音在提醒："这是个好机会，趁老师专心做事，可以偷看语文书。"可是，另外一个清脆的声音又响了起来："不可以！你不可以抄袭，如果这样做的话，就违背考试的本来意义，更何况这是品德问题。"我愣住了。

内心好纠结，额头上的汗水不断渗出，顺着脸颊往下滑落，想得到更好分数的念头渐渐占据了我的心，我还是悄悄地摸向了语文书。就在这时，爸爸的话在我耳边回荡："先做人，再做事！"我顿时清醒了，把手立刻缩了回来。是的，分数固然重要，做诚实之人更为要紧。

过了这么多年，这件事依旧深深地印在我的记忆中，正是因为那一次的正确选择，我成了一个优秀的小学生。

心中有盏灯

张诗琪

"哎，又要期中考试了。"我背着书包，走在回家的路上，整个人就像丢了魂一样，连经过我最喜欢喝的奶茶店，都没有抬头看一下。回到家，我把书包一丢就躺在了床上，算算距离期中考试的日子也只有一周时间了。

最近不知道是怎么一回事，父母老是不在家，我的学习成绩直线下滑。"想来这次考试我肯定考不好了，真不知如何是好？"外面已经全黑了，可是家里却没有一个灯亮着，看来父母还没有回来，我看着家里空荡荡的房子，无尽的黑暗似乎都在向我诉说着寂寞。

我草草地吃了晚饭，从书包里拿出书，心想，临时抱抱佛脚也许还有一点儿用，希望这次考试不要挂科呀。可是，看着书上一个个中文汉字，阿拉伯数字和各种符号，还有一大堆英语字母，睡意便一次次袭来。我想："看不进去，那就睡吧。"不一会儿，我就趴在桌子上睡着了，迷迷糊糊的我感觉有个人似乎给我披了件东西，可我睡意正浓，连眼皮都没有动一下又睡着了。

第二天清晨我才从睡梦中醒来，我伸了一个懒腰，这时才发现身上披了一件母亲的外套，又见桌上母亲留了一张字条，上面写着：儿子，我知道你最近考试考得不好，但是我相信你这次考试一定会考好的。我看着这张字条，不禁热泪盈眶。我的手不知不觉抓紧了母亲的外套，这外套犹如一盏灯照亮了我那原本黑暗的内心世界，照亮了我前进的道路以及我的目标。下一刻我要下定决心，认真复习，一定要考好，不能让母亲的希望落空。

在后来的一周时间里，我白天上课认真学，再也没有先前的那种颓废的样子，晚上认认真真地拿出以前做过的试卷查找问题。每当想睡觉的时候，我就会掐一下自己的大腿；当上课不认真听时我就让同桌及时提醒我。不管这次有多困难，我都要坚持下来。

期中考试成绩公布了，我的成绩比以前提高了许多。妈妈也为我的进步而欢呼。

虽然每个人在前进的道路上也许都会遇到各种各样的困难，但是只要我们心中有盏灯，朝着我们的目标不断前行，我们就会一点点取得成功，走向光明的未来。

142

温暖的旅程

樊耀文

突然感到大客车一抖，我困难地睁开睡眼惺忪的双眼，发现我正睡在王泽睿的腿上。再看他头歪在我的靠背上睡得正香。想起这五天里我们的经历，心里感到一阵温暖，就再度昏昏沉沉地睡去。

五天前，我和王泽睿兴冲冲地告别了父母，去参加了夏令营。前两天，天气十分晴朗，万里无云，我们俩的心情就如同这天气一般没有一丝负担，没有一丝顾虑。前两天，每天似乎都有清风吹拂，赶走了我们的疲累和烦恼。

第三天，我打开窗帘看着天空上那一朵朵白云，原本内心的担忧一扫而光了。"谁说今天要下雨的，看来天气预报也有说错的时候。"看看时间，"哎呀不好要迟到了！"我赶紧叫醒了王泽睿，穿好衣服就下楼了。

中午，我们一群人在黄帝陵附近的小镇吃了饭之后，就向黄帝陵进军了。下了车进了景点之后，却发现天上的朵朵白云变成了朵朵乌云，渐渐天空如同泼洒了墨，我的内心变得越来越焦躁不安，如果下雨怎么办呢？

一滴冰冷的雨水落在了我的脖子上，我打了一个激灵，下意识地说道："下雨了。"话音刚落，天空中就响起了怒吼声，接着雨就如子弹一般密集地射了下来。王泽睿似乎想到了什么，在书包里翻找了半天，终于翻出了一把伞，当他打开之后我的希望就破灭了，这把雨伞十分小，只能遮挡一个人。可是王泽睿想都没有想就把伞递给了我："还好有这把伞，不然你又要感冒了。"

我连说："不行，这伞是你的，给了我，你怎么办呢？"

"你本身身体就不是太好，我身体壮不要紧的，再说我们可是兄弟呀。"

我们就这样你一句我一句相互谦让，最后王泽睿硬是把伞塞给了我。

我撑开伞，我们俩躲在小小的伞下，在雨中奔跑，雨越下越大，风越刮越猛，但我的内心却温暖如春。

这趟旅程之后，我虽然生病了，身体经受了一点儿痛苦，但我的内心是幸福的。

感　动

胡博翔

　　宁静的午后，随意找一处空地憩息片刻，任和煦的阳光洒落在身上。我轻嗅着从不远处如浪花般涌来的风，分辨夹杂在其中的淡淡咸味，很是适然。抛下久压在肩膀上的重担，洗去身上所带有的浮华喧闹的都市气息，把自己置身于有如泼墨般的蓝天碧水中，"旅行真好。"坐在青海湖边的我，不免发出这样的感叹。

　　托几位随行伙伴的福，我们有幸前往青海旅游参观。青海湖不远处，湖边散落着零零星星的几户人家，住在如此动人的美景之中，居民的内心大抵也是宁静而致远吧，我抱着自己的臆测，去和当地的居民聊天，只想得到验证。

　　踏进门，便是浓郁的质朴感，仿佛因历史而斑驳的房门，有些破损，蒙上灰尘的茅草篷，一切都令我新奇，自认为走进了民风淳朴的世外桃源。但与当地人的交流，却令我失望不已。他们把喧闹浮华的大都市形容成富庶的人间天堂，对我们眼中早已厌倦的俗景心驰神往。更令人不解的是，面对大自然的奇迹，他们却无动于衷，把这片鬼斧神工之地却称作穷山恶水，还认为这是使他们困苦的元凶。我一脸无奈的笑容，默叹他们的迂腐与可笑，告辞而去。

　　回到久居的都市，望着窗外一如往常的灯火通明，眼前却浮现出那一张张朴素的脸上向往的神情，我的心情不免有些杂乱。搬一张椅子坐在窗前，强迫自己的目光停留在窗外的街道上，给拥挤的车流行注目礼。

我试着以那些青海湖边居民的眼光看待眼前的景象，让街道上的声音涌进来，从尖锐的汽笛声中，挖掘出行人的笑声，商店的叫卖声，把这些生活的气息一一纳入耳鼓。再留意车流中的千姿百态，或停或行，或向左，或往右……我原来感觉这一切都是那样烦人，而静下心来，细细观察眼前的这些景象，不觉从心底流露出来："住在城市，也有另外的情趣。"

"一花一世界，一叶一菩提。"生活处处都不乏感动。只要有一颗善于感受的心，不需要与众不同的风景，不需要尝试别人的生活，哪怕是平常生活中的一人一事，都能触及我们的心。即便在司空见惯的日常中，依旧能收获满满的感动。

145

沉　淀

陈之睿

独坐空窗前，斟一杯月光，泡一盏清茶。

茶叶点落在水面上，漾起千百轮明月。冉冉升起的热气中，酝酿着茶香。

我凝视着亦浮亦沉的茶叶，静静地等待。

月是冷的，淡化了朦胧的热气。浸润着月光的茶香，却是清的。

为幸福点赞

茶杯中的月会沉下去吗？我一边想，一边笑自己的痴。

已是深秋，茶也凉得比往常快。茶叶纷纷地，匆匆地落向水底，一如绿色的蝴蝶，翅膀扇动间，是润着月光的春意。

用食指轻触杯壁，水温恰好，端起茶杯，扇动鼻翼，轻抿一口，清香滑润，有高山流水之气；细细品尝，亦有春风，亦含月光。

忆起有位禅师曾留下两句话：水自竹边流出冷，风从花里过来香。

水本是温的，只因从竹边流过，带上了寒气，显得格外清冷；风本无香，只因从花里吹过，浸润了香气，也显得格外芬芳。自然中的两样简单事巧妙地交融，便孕育出如此的深意，茶水与月光亦是如此。

竹的冷，沉淀在水中；花的香，沉淀在风里；月的润，沉淀在茶间。

而感受这微妙的不寻常，不在于眼，不在于耳，亦不在于鼻口，而在于心。

146

有人问："风吹幡动，是风动，或是幡动？"

答曰："不是风动，不是幡动，是仁者心动。"

仁者，人也。何以为仁者？心中有仁。因此，所见万物皆仁。

再品一口茶，心想，万物所向，不在于万物本身，而在于心。把智慧沉淀在心底，一切都能有所悟；把幸福沉淀在心底，贫穷的人也能拥有幸福。

茶已凉，有如月光的温度。

我一饮而尽，闭上眼，把月色沉淀在心底。

沉　淀

徐璐路

半夜，月华似水，在寂静的土地上随意驰骋，我依旧伏在案前，奋笔疾书。

困意好似一只只馋虫在啃噬着我的意识，我看向窗外的黑暗，那属于黑夜的甜，不知什么时候可以进入。再看向桌上那些仍然成堆的作业，只能无奈地低下头去，叹一口气，任心中感慨万千。

难道十一岁这年纪必须要熬夜？

难道青春的梦想只能在笔墨挥舞间消失？

难道未来真的就只凭着一张试卷？

可是，在这里感叹又有什么用？我们只能遵循，这是前人经过漫长岁月的沉淀留下的规矩。

就在这时，门被推开，爸爸端进一只杯子放在我的桌前，朝我笑了一下走了，我看向杯中，原来是泡了一杯绿茶！一片片叶子浮在水中——显然是刚泡好的，我顺手盖上盖子，放在桌角，并没有多加关注，又投身题海中。

烦躁的情绪再度来临，口干舌燥的我把手伸向桌角的那杯茶。打开盖子，一股清香瞬间弥漫开去……轻轻啜一口，香气间隐约透着丝丝苦味，从舌尖蔓延到全身，困意被赶走，留下的只有品茗的心境。

为幸福点赞

一杯香茗，需要时间才能散发那属于它的清香与苦意，没有不苦的好茶。在你享受它清香的同时，先要学会等待。等待，只有等待茶叶与水完全融合，才能绽放一杯茶真正的价值。

人，不也是如此？想要取得成功，也要像茶那样，经过漫长时间的沉淀，才能造就一个成熟的你，获得成功的同时，你也必须付出代价，或许青春的梦会消失，但会迎来更好的现实。

烦躁的心渐渐平和起来，在思绪流转中，品完了这杯茶，继续在笔墨间挥洒青春的梦……

月光沉淀下来，万物默默迎来太阳的光芒。

坚持的力量

倪　佳

148

我慵懒地踱上阳台，伸了一个大大的懒腰，感受着清晨的阳光沐浴在身上的温暖。

突然我发现窗户上有一个小东西在移动，我立刻凑上去，原来是一只小蜗牛，一对触角从淡黄色、螺旋的壳中探出，摇摆着，在清晨的阳光照耀下显得有些透明。它缓慢而有力地一个劲地往上爬，我不禁来了兴趣，拖了一张小凳子坐了下来。

通过我的仔细观察，我发现这个小蜗牛是想翻过玻璃，看着它昂首挺胸的样子，我调皮的天性被激发出来了，"嘿嘿"坏笑着向它伸出了"魔爪"。

"哧——"小蜗牛被我从墙上拉到了地上，小蜗牛吓得钻到壳里去了，一动不动，过了好一会儿，那壳才动了几下，那对触角又从中摆出，发现没有危险之后，再伸出了身子，可是让我意想不到的是，它竟然又朝着玻璃窗爬去，它那高昂的触角仿佛在告诉我小蜗牛也是有力量的。我耐心地等待着，等它爬了好一段路，再把它拉下，没想到这小蜗牛还真有力量。

一次，两次，三次，这一次又一次地被拉下，但它仍然一次又一次地向它的目标努力爬去，直到第四次，我被它的执着完全震撼了，那小小的身体，那小小又近透明的壳中蕴含着巨大力量，让人不禁肃然起敬，这一次又一次的努力，不放弃，就是一种坚持！这只小蜗牛竟然也懂得坚持的力量。

在我与蜗牛的这次游戏中，蜗牛使我改变了对它的看法，是因为蜗牛有坚持的力量。如果它是一个人，恐怕他便是站在金字塔顶端的人，真的让我顶礼膜拜。

我轻轻地提着它的壳，将它小心地放到了玻璃的对面，阳光透过它薄薄的壳，发出迷人的光晕，它的触角朝我摇摆着，我对着它默默点头赞许。

149

时　光

谭　进

我站在故乡的田野上，微风拂着野草，夕阳的余晖将周围的一切染成金色，我仿佛看到了他们若干年前的身影……

爸爸说："我七八岁的时候，和村上同龄的几个孩子在村后面那片田地里玩，玩着玩着，不知是谁拿出了一个打火机，毕竟我们那时还很少见到打火机，都要求试试，想看看是不是能够点火。秋天的田野草是干枯的，一下子就被点着了，不一会儿，火就蔓延开去，三分之二的田地都被烧了。你爷爷回去，趁我洗澡的时候，拿着皮带抽我。第二天，我的屁股上青一块紫一块的。"

"到我像你这么大的时候，放假在家闲着没事，你爷爷奶奶忙着上班没空管我，家里也没有什么可玩，哪有现在电脑、手机？我寻思着去哪里玩，于是就约村上几个兄弟去隔壁村上的瓜田里偷瓜，瓜地与我们村隔着一条河，我们扎个猛子就能到对岸，偷偷爬进瓜田，不管熟不熟，采上一个就跳到河里往回游。有一次被人发现，走得急，把一只鞋子丢那儿了，后来被人认出来，告诉了你爷爷，回家被狠狠揍了一顿。"

说到这里，爸爸顿住了，在晚秋的太阳下，几缕霞光透过前面的高楼射了进来，这时候，爸爸的眼睛异常的明亮，黑色的瞳孔里似乎还在播放着当年的一幕幕画面。

"你小时候，要什么汽车、挖土机，这有什么好玩？我们小时候都是出门自己找玩的东西，那才叫真正的好玩！"

这就是时光的魔力，它给人留下美好的记忆，也让人存有丝丝沧桑。虽然父亲在时光前行中变了样，但记忆永存，永远美好。

眼前的夕阳快要落下，我仿佛看到了那场火和脚下那焦黑的印迹。

时光不会停下来，也不会为你而返，所以，请珍惜所有；当你慢慢老去，这些在岁月流转中幸存下来的记忆，定会温暖你的心！

自　律

徐之源

　　自从进入五年级后，我便开始放松了自己的学习，成绩一落千丈，老师在一次考试后告诉了我爸妈。

　　那天，我一踏进家门，便感到一种凝重的气氛，刚要出口的："爸爸，妈妈"硬生生地被我咽了下去，妈妈皱着眉头坐在沙发上盯着我不停地叹气，爸爸在阳台上一根又一根地抽着烟，我感觉到一场暴风雨即将来临……

　　在房间中熬过了一下午，其实还控制不住地偷着玩了会儿电脑游戏，到了傍晚时分，爸爸进了房间，对我说："跟我去爬山吧。"

　　一路上，野花盛开，小草生机勃勃，那连绵的山在夕阳的照射下宛如金色的绸带，煞是好看，可我的心情却好不起来，小心翼翼地，生怕刺激了爸爸这座火山。

　　登上山顶，太阳已经有一大半入了地平线了，在下山的路上，遇到了一个岔路口，一条路平坦，并且路的周围野花盛开，另一条路大大相反，不但高低不平，还长满了杂草，爸爸问我："你走哪条？"我不作思考，受着那条路的诱惑，拉着爸爸走上了那条平坦的路。走着走着，我傻眼了，没想到这条路竟不是下山的路，太阳已经没入了地平线，等到我们回到岔路口时，天已经完全黑下来了。

走在长满杂草的小路上，爸爸跟我讲："当面临抉择时，首先要学会自律，而不是被表象迷惑；一当踏上了错误的路，这只会与你当初的期盼越来越远。你都这么大了，应该明白这些道理。"

我突然明白了，我现在正是在那条看似平坦且漂亮但并非通向成功的路上走着，我所需要的是悬崖勒马，走上虽然杂草丛生、艰辛痛苦但通向成功的路。

自律，意为自己约束自己，只有这样，才能避开诱惑，走向成功。

心中有盏灯

居卓茹

152

窗外的天空灰蒙蒙的，一丝风都没有，好像要下雨了……

我看着台上皱巴巴的试卷上那红笔写着的触目惊心的分数，这分数仿佛是刻在了我的心上，我深吸一口气，再长长地叹出，扭过头去，看向窗外，外面一道道闪电撕扯着天空，雷声如一头发怒的雄狮在狂吼。

我推着自行车走出校门，飞身跳上车，将心中的悲愤发泄在脚上，车如离弦的箭一般飞射出去，突然"咔嗒"一声，我的车速即刻慢了下来，我意识到自行车链条又断了！天空中开始飘起了小雨，我心中的小火苗被彻底浇灭了，鼻子一酸，差点儿哭出来。

只好将车推到了街的拐角处，这是一个自行车修理铺，是一位独脚老人经营的，他穿着黑色的工作服，还系了一条围裙，围裙上全是油污，还沾附着一些泥屑，听到我的脚步声，他把手在围裙上擦了擦，拉下眼镜，看见我站在一边，他连忙起身，右脚向前一跨，左脚晃一晃，在地上拖着，"链条断了啊，等会儿哦。"他把自行车推进铺中，我看着外面的倾盆大雨，树都在摇摆着，看着树上的枝条被压弯，弹起，又被压下去，我摇了摇头，走进铺中。

车很快修好了，他用一条腿艰难地把我的车推出来，盯着我看了一会儿，似乎是看出了我内心的不愉快，"不开心？出什么事啦？"他看到我低下了头，继续讲道："我天生就是残疾，为了减轻父母负担，我自学了修自行车，克服一个又一个困难，自食其力，也快乐满意。"

他告诉我："是坎儿总会过去的。"

我的脸不禁有些红了，一次考试失利又算得上什么啊。我心中的灯顿时被他的片言只语点亮了。

我跨上了自行车，向学校飞快地骑去，老人在后面喊："以后车坏了还来找我啊！"

雨停了，我仿佛看见天边出现了亮光，心中的那盏灯更加明亮了。

陪　　伴

贺哲远

一丝一缕的雾气漫上了卫生间的玻璃，慢慢地又变为一颗颗折射着色光的水珠。在这寒冬里，温度升高一度也会让人感到阵阵温暖扑面而来。

　　父亲生意上的失败，使我们不得不从金碧辉煌的别墅中搬迁出去，一家三口挤在一户小小的出租房中。父母每天也都早出晚归，三个人打个照面都很难，更不用说要一家人坐下来好好地聊一下天了，这些都变成了一种奢望。也许父母每天上班都很累吧！他们仿佛每天都约好了一般，吃过晚饭后就争先恐后地跑出去洗澡，甚至他们有时会为了先洗一把澡而争吵到面红耳赤，争到最后，但有一点不变，就是永远都是我最后一个洗澡。我感觉这个家的温度好低好低，似乎没有了往日的和谐和美好，也感觉他们以前对我那浓浓的爱随着这寒冬的到来在慢慢消散。

　　有一天，我故意拉住了父母，问他们为什么每天都要争先恐后地去洗澡，晚一点儿又有什么关系呢？他们异口同声，仿佛事先预谋好的一般说："爸爸妈妈一天到晚都要为工作忙，太累了，洗一下澡可以快一点儿解解乏，再加上工作一天又累，脾气肯定不好。你得学会体谅父母。再说了，日子不如以前，你要学会长大。"那一刻，我感觉父母对我的爱被一道无声的墙阻拦住了。父母给我的陪伴仿佛也如起飞的风筝越飞越高，离我越来越远，越来越遥不可及。

　　当我独自整理父母的房间时，我无意中看到了母亲的日记："峰儿，你今天问的那些话我着实不知道如何回答。是啊！我给你和你父亲的陪伴太少，所以我每天争着去洗澡，只为了让卫生间的温度升高一点儿，哪怕只有一度，也能让你们温暖一些，我也只能让这一度来陪伴你们。"看完，我泪如雨下。

　　陪伴，不需要过多的东西，哪怕只有一度，都是最好的陪伴。

我妈"十八"岁

孙聆倬

我妈今年"十八"岁，你们一定很好奇，难道她七岁就生下我了？不要急，请听我慢慢道来。

我妈爱美，到了令人"恨"的地步。早上快迟到了，妈妈还在画眼线，照镜子。我一再催促，她充耳不闻。仍然慢条斯理摸着自己的脸，左看看右瞧瞧，永远没有满意的时候。惹妈妈生气了，她边做着脸部保养操，边嘟着嘴说："哼！都是因为你，我又长皱纹了！"每次贴完面膜，她都要反复问我："我今天有没有变白？"打开她的衣柜，什么蓬蓬裙、大长裙、背带裤……数不胜数，穿得比我都年轻。我们一家出去玩，熟人都会和爸爸开玩笑："带你大女儿和小女儿出来玩啦。"我问妈妈："为什么要这么注重仪表呢？"妈妈说："好看的装扮是对别人的尊重。"

妈妈从来不摆大人的架子，和我亲如姐妹，还总让我叫她"姐姐"。我有什么心事和秘密都会告诉妈妈，有趣的事情也会和妈妈分享。我的表弟最喜欢我妈了，老是缠着妈妈陪他玩。有动画片了，她会看得哈哈大笑；要讲故事时，她会抢走我们的风头；过年了，妈妈对放烟花、玩擦炮的事比我们还上心。有人问妈妈多少岁？妈妈脱口而出："姐今年十八！"

妈妈从事幼儿教育和管理工作。一年中，南京、上海、武汉……外出培训、考察，忙得不着家。这个证，那个证，塞满了一抽屉。虽然累得团团转，但妈妈却乐在其中。妈妈热爱阅读。在书店看上喜欢的书，会毫不犹豫地买下来，还常向我借书看。家里的床头柜上总会有一两本书。她对书爱不释手，拿起来就不肯放下。在我写作业的时候，妈妈就在一旁看书，和我一起学习。她还想和我一起学电脑、英语……

妈妈常跟我说："我们要有十八岁的干劲！什么事试一试，不要轻易说不。没有做不到，只有不想做。为自己的生活喊声：加油！"

这可爱而充满活力的妈妈，我能不爱吗？

我教奶奶抢红包

张 恒

中华传统美德：百善孝为先。过年了，爸爸妈妈都放下自己的工作，回家来陪伴奶奶吃年夜饭，享受一家团圆的喜悦。

晚上，我们吃完了年夜饭，全家人围坐着准备发、抢红包。我打开ipad，点进微信，打开"幸福家庭"这个群。万事俱备，只等红包！"红包来啦"我兴奋地大叫。我麻利地点开红包，"52元！"我惊喜地喊道。

"什么抢红包啊？"奶奶问道。"就是微信抢红包啊。"我抬起头来，看见奶奶孤零零地坐在沙发上，而我们却在热火朝天地抢红包，心里有些愧疚，便下决心教奶奶抢红包，让她也体验一把抢红包的快感。

说干就干，我当起了"小老师"。"奶奶，快把手机拿出来。"奶奶掏出她的老人机。"呃……还是用我的iPad吧。"我把微信往上翻，找出一个红包，教奶奶辨认，教她怎么抢。奶奶眼睛一眨不眨地盯着我的iPad，学得特认真，手指还不停地在我小电脑上戳个不停。突然，眼前红光一闪，出现了一个红包，上面写着"鸡年大吉"，奶奶眼疾手快戳开了红包，"6.66，哈哈，乐乐哎，奶奶抢到红包喽！"别看奶奶平时做事慢吞吞的，抢红包的速度一点儿也不比我慢。"哇！奶奶，你可真厉害啊！抢了6.66元呢！"我说："祝奶奶长命百岁，在新的一年里事事顺心！"奶奶听了，笑得像外面绽放的烟花。

接着，爸爸妈妈又发了几个红包给奶奶抢。只见奶奶双目紧盯ipad，一脸严肃，那真是"两耳不闻窗外事，一心只抢大红包"啊。不一会儿，便抢到了许多。她笑眯眯地说："乐乐，你看，别人都没抢到，就我抢了8.88元！还是手气最佳呢！"我鼓励奶奶说："奶奶，加油！继续努力！"整个晚上，只听得奶奶兴奋地叨叨："乐乐，我……"

157

爸爸常说，老人越老越像小孩儿，就喜欢热热闹闹。作为儿女，我们可不能只顾自己开心，把他们晾在一边。教奶奶抢红包，就是我们对奶奶的孝心和对她的爱。

老房子与我

杨 粲

我家在乡下有一座老房子，是我外婆出生前两年盖的。房子外墙上的水泥斑斑驳驳，很多地方都已经剥落。门框上挂着一面镜子，镜面早已模糊不清，就像老屋浑浊的眼睛。老屋里有一间厨房，厨房里有一座灶台。灶台上贴着灶王爷，点火仍在用我稀奇的火柴。餐厅里放着一张老式的八仙桌。卧室里有一张木制的床，床四周雕刻着龙和凤。

这个老房子里住着我的太婆和太公。童年时，外婆经常带我去玩，那里有我许多难以忘怀的记忆……

一、隔壁的长脚老太

老房子旁边住着一位百岁高龄的老太，我们都叫她长脚老太。为什么呢？因为她的脚又长又细。听我太婆说：长脚老太小时候还没有废除裹脚的陋习，她的父母在她六岁时，拿了一根长布条帮她裹脚。长脚老太疼啊，裹了脚后就日夜不停地哭。她的父母就不忍心了，因为长脚老太是他们唯一的女儿啊！于是，他的父母就帮她把裹在脚上的布解开了。谁知从那以后，长脚老太的脚却不再长宽，只是在不停地长长。

听到这里，我十分同情长脚老太，你设想一下，如果你有一双长度是宽度四倍的脚，走路能舒服吗？

二、蚕豆去哪儿了

村上许多上了年纪的老人，都喜欢聚到我太婆家打麻将。他们用炒熟的蚕豆当筹码。可是渐渐的，太婆发现蚕豆越来越少了。嘿嘿……我才不会告诉你那些蚕豆都是我吃掉的呢！每次太婆到厨房里去烧饭，我都会偷偷钻到餐厅，抓上一大把蚕豆塞到衣服口袋里，躲到房外的干草堆旁，拿出一个蚕豆嚼得"咯嘣"直响。蚕豆脆脆的，干草清香清香的，让我感到无比惬意。

太婆呢，直到现在还以为那些蚕豆是被老鼠偷吃的，在家里放了无数个捕鼠器。

159

三、与猫抢鱼儿

老房子门前有一口井。井口是用砖垒成，用水泥糊得光溜溜的。井上盖着一个圆铁片，旁边放着两个水桶。井里面的水啊，无比甘甜。

冬天时，井水是温热的，太婆用井里边的水来洗菜、洗衣服。到了夏天，井水就变得无比清凉，太婆就将瓜果放到井水里，浸泡几十分钟，再拿给我们吃。那瓜就像放过冰箱一样，冰凉爽口、鲜香脆嫩。

记得一天中午，太婆要烧红烧鱼给我吃。她带我来到水井边，将鱼倒在地上，转身回屋拿刀。老太刚进门，一只猫跑了过来，在鱼旁转来转去。哼！就凭你还想偷本姑娘的午餐？我拿起一只用来打水的铁桶，朝它砸了过去。谁知那猫一转身就躲过了，还用冷冷的目光盯着我，似乎在嘲笑我的笨拙。它的目光惹怒了我，我搬来另一个铁桶，里面装着半桶水，我用尽力气将水泼到了猫的身上。只见那猫打了个哆嗦，飞快地逃走了。

现在想起来，老房子带给我太多美好的回忆。那儿的生活是自由自在的，不会有补习班，不会有成堆的作业。它，是我梦幻童年的乐园！

龙脊梯田游记

钱笑誉

天刚蒙蒙亮，我已和爸爸妈妈驱车赶到了慕名已久的龙脊梯田。

站在山脚下的观景台放眼远望，梯田像巨人的台阶。碧绿的秧苗吮吸着清晨的甘露，焕发出无限生机。它们感染了我，我不觉加快了登山的脚步。

龙脊梯田从来不缺水。源源不断的水沿着山坡，流过每一寸土地，每一株禾苗，甚至每一条山间小路。泉水洋溢着清凉和活力，像母亲的手温柔地抚摸着万物。

我越向上走，水流就越多，越大，越急，甚至在半山腰还形成了"迷你小瀑布"！我把手伸到瀑布里，清凉无比的水，滑过我的手掌，钻进了我的衣袖。随着我的尖叫，无数个水珠扑面而来，和我来了个热情似火的拥抱。

边走边玩，很快，我们登上了最高峰。极目远眺，真是"举头红日近，回首白云低"！山腰间烟雾缭绕，唯一看得清晰的是碧波荡漾的梯田。一条条向下延伸的田埂，宛如一条巨龙的脊背，又好似风吹湖面皱起的波纹。山顶上弥漫着水汽，是一种流动着的清凉。耳畔是泉水汩汩流淌的丁零，让人有种飘飘欲仙的轻快之感。

　　红日已至中天，我们来到了平安寨。寨子里的农户邀请我们去她家玩，我们也很想品尝一下龙脊梯田上孕育出来的美味。

　　女主人先给我们一人倒了一杯罗汉果茶，虽然口感不适，但我们喝下后个个神清气爽，这神奇的果子也很热情好客啊！随后，她又端上一盘热乎乎的玉米，金黄的颗粒，诱人的香味，立刻让我们垂涎三尺。山上清凉的泉水孕育出来的玉米，除了一种纯正自然的食物香味外，口味也特别的甘甜可口。我发现桌上有一种很特别的辣椒，外形与樱桃相似，入口嚼几下，酸酸甜甜很爽口，但随后口腔里就像着了火，从嗓子眼一直烧到胃里。赶紧灌一口罗汉果茶，辣味过后嘴巴里竟生出丝丝甜蜜，让人百思不得其解。这种辣椒还可以熬鸡汤，女主人现场给我们露了一手——辣椒煲鸡汤。喝起来鲜香四溢，味道独特。端上来时间不长，我们便将它喝了个盆底朝天。饭后，我们告别了女主人，依依不舍地离开了平安寨。

　　回到住的宾馆，我恍恍惚惚的，仿佛刚从世外桃源回到了人间！

为幸福点赞

洗　碗

杨晓彤

"奶奶做的菜就是好吃！"我抹抹嘴，往椅子上一靠，拍了拍肚子惬意地说。

"好吃好吃，马上洗碗，别忘了！"妈妈冲我似笑非笑地接了一句。

这么一提醒，我猛然想起了之前的承诺，心里叫苦不迭。原来我为让妈妈给我买双阿迪运动鞋，写下承诺书，承诺洗一个月的碗。现在鞋子已经穿脚上了……这碗……唉！

"可不可以从下个月开始啊？"我嬉笑着试探。

"不行！"妈妈回答得干脆利落。

"小孩子家，你和他较什么真呀？"一向宠我的奶奶发话了。

"妈！今天您歇着，您不懂……"

等妈妈长篇大论结束，奶奶已经被绕晕了，说不过妈妈，也败下阵来。

爸爸也不知道在什么时候已经悄然移动到了沙发上，看起了《南京零距离》。

看来是赖不掉了，我于是起身，一步一步挪到厨房……

怎么会有这么多碗碟子啊？刚才有那么多菜吗？我不禁疑惑。看着油腻腻的盘子、碗筷，我皱着眉头，打开了水龙头——这水怎么这么冷啊？

我伸出两个手指头，拎起抹布的一角，在盘子上来回轻拂……

"你这是洗碗啊？去去去，写作业去，刚才还说今天作业多呢，这会儿还不快去写！"奶奶在一旁实在看不下去了，把我赶到了一边。只见她将水龙头拧小，拿过挂在一旁的围裙，系好，捋了捋袖子，两只手义无反顾地伸进了冰凉的水中……

我一面感激奶奶的解围，一面惊叹她非凡的勇气。刚想转身离开，只听到爸爸朝妈妈低声说了几句，妈妈赶紧走了过来。一边走一边说："都去歇着吧，还是我来洗吧！"

妈妈一边解下奶奶的围裙，一面说着奶奶难得来，这些活还是让自己来做的话。

只见妈妈麻利地围上围裙，拿过洗洁精瓶子，挤出一些滴在水池里，接着打开热水器，放出热水，又从挂钩上取下专门洗碗的手套，稀里哗啦地洗了起来。

163

奶奶看插不上手，就去收拾电饭煲里没吃完的饭。我呢，嘿嘿！作业再多，新闻可不能不看。这是我们政治老师说的。

新 鲜 事

胡肖依

为幸福点赞

"小依，我问你一个问题。"正当我在聚精会神地写作业时，爸爸推门而入。一本正经地问我。

真是新鲜！一向自负的爸爸居然向我请教问题，实在太令我吃惊了！

"说吧！有什么深奥的问题难倒你了？"我放下手中的笔，得意地看着爸爸。

"'晚上好'用英文怎么说？"老爸摸着脑袋，显得很不好意思。

"Good evening！"我回答道。同时感到奇怪，爸爸干吗问这个。

"噢……Good evening！……"他用奇怪的语调和口音一连重复了几遍。唉！看来老爸的温州口音难改喽！我摇了摇头。

他一边说着，一边径直走向书柜，上上下下似乎在寻找什么。我的目光立刻又被吸引过去了。不一会儿，他翻出了一本英汉词典，这才心满意足地走了出去。

我很是纳闷，心里犯嘀咕："嘿，真是新鲜事！莫不是老爸赶时髦，想学英语？"我走出书房，想一探究竟。

"爸爸，你要出国吗？"我试探性地问。

"不是。"他专心致志地盯着词典。

"那你这是……"

老爸一边翻词典，一边得意地说："小孩子别管那么多。你要像我一样热爱学习！"

"嗯？到底是什么情况呢？"在我"坚持不懈"的"逼问"下，爸爸终于"坦白从宽"了："是这样的，连续几个晚上，我都在车库遇到一个邻居老外。老外很热情！一看见我就说'你好！你好！'我就跟他说'哈啰！哈啰！'。但总不能每次就说这两句吧！所以我想，下次再看见他，应该换点儿别的词。"

噢，原来是这样啊，真是新鲜事！不过看着老爸一本正经的样子，我顿时新生敬意，心中祈祷老爸下次别忘了这个句子才好。

原来你也在这里

丁文郁

不经意间回眸，才发现，原来你也在这里。

从小就陪伴我一起长大的姐姐，从来都是"欺负"我的姐姐，却处处关爱我的姐姐要去哪远在天边的大洋彼岸，临走前天晚上，在家里到处找不到姐姐，问姑妈："她呀，好像和同学出去了！"一语道破，如寒风中的冰雹，冰冷刺骨。原来以为姐姐会来找我，原来以为姐姐会舍不得我，原来只是这样……

夜色笼罩着天空，抬头看不见一点儿星光。想着小时候的一点一滴，不知不觉走到了这里，夜晚的这里多了几分宁静，回忆却依旧清晰。

"姐，你看，那里有秋千呢！我们去玩儿好不好？"姐姐没有说话，只是嘴角挂着一丝若有若无的微笑，年少的姐姐总喜欢装老成。我甩开姐姐的手，俨然一副疯丫头模样，不管不顾地坐在秋千上，享受在春风里。

玩儿渴了，我去找姐姐喝水，只一会儿工夫，秋千被别人占了去，我一开始静静地站在旁边，原以为他玩一会儿就离开了，可他越玩越开心，丝毫没有"让位"的意思。在一旁的我忍不住了，推推姐姐，"姐，你去跟他说说，让他让我玩一会儿！"我充满期望的仰

为幸福点赞

起头，却得到了否定的回答："不，你自己去！"姐姐的语气不容置疑。"姐……"姐姐转过我的身子，轻轻对我耳语："自己过去说！""哼！"我赌气地闷头朝前走，"小心！——"

低头走着的我突然听见好几个人短促的惊呼，还没反应过来是怎么回事，就被眼疾手快的姐姐扯了过去。我跌坐在草地上，原来是刚荡起的秋千差点儿砸中我，再回头看看姐姐，正对上姐姐满眼后怕的眼神，"我……"

回忆慢慢被风飘走，笑容还未挂上嘴角就悄悄漫成数不清的苦涩。刚想抬脚离开，远远地，却看见那熟悉的身影。我们就这样望着，谁也没说话。

"姐……"我欲言又止，姐姐似乎看懂了我的心思："我早就来这了！"原来。你也在这里。"以后我去国外上学，自己要学会独立啊，好好照顾自己！"姐姐轻轻地说。我抬头望着她，姐姐大大的眼睛里亮晶晶的，我咬住嘴唇，低下头，忍住眼泪。

原来你也在这里，倾诉者数不尽的不舍与思念。